视广告制作教程 从接单到成片的全程指导

中国传媒大学 出版社

·北京·

目　录

总　序 / 1
写在前面的话 / 1

第一章　接单 / 1
一、影视广告摄制是一门生意 / 1
二、竞标说明会 / 2

第二章　谁会参与这单生意 / 8
一、广告公司的组织结构 / 8
二、广告公司的灵魂部门——创作部 / 10

第三章　让我们来“脑力激荡” / 14
一、创意之前的科学流程 / 14
二、头脑风暴 / 16

第四章　关于创意 / 18
一、何谓创意 / 18
二、什么是优秀的广告创意 / 19
三、影视广告创意的表现手法 / 20
四、几种巧妙处理创意的技巧 / 24
五、向创意大师致敬 / 25

第五章 **电视媒体的特征** / 36
一、电视的特性 / 36
二、电视影像构成要素 / 38
三、影视广告的四大要素 / 50

第六章 **视听语言——影视广告的创作语言** / 52
一、前期拍摄 / 52
二、后期剪辑 / 71

第七章 **制作故事板** / 78
一、怎样写文字脚本 / 78
二、怎样制作故事板 / 84

第八章 **用胶片还是录像带** / 96
一、胶片拍摄 / 96
二、录像带拍摄 / 97

第九章 **去提案** / 103
一、广告公司内部的审核 / 103
二、给客户提案 / 107
三、提案故事板格式 / 109

第十章 **报价** / 116
一、谁来摄制广告片 / 116
二、摄制询价 / 118
三、给客户报价 / 123

第十一章 **开拍前要做的事情** / 135
一、拍摄团队 / 135
二、召开 PPM / 144

三、拍摄的准备工作 / 147

第十二章 **开拍了** / 158
一、拍摄时要注意的问题 / 158
二、拍摄方式 / 163

第十三章 **后期制作** / 169
一、后期制作的流程 / 169
二、粗编 / 170
三、声音制作 / 173
四、精编完成 / 175

专业词汇中英文对照 / 177
参考书目 / 198
致谢 / 200

总　序

在这个收获的金秋，中国传媒大学（原北京广播学院）广告系列教材终于面世了！

这套丛书来自广告专业教学、科研一线人员的辛勤劳动和细心耕耘，如同一棵棵幼小的苗苗，迎着阳光劲劲地成长起来。这一刻我和大家的心情一样，是激动，是欣慰，是对未来更好的期盼。

中国传媒大学广告学专业从1988年创立到现在已有15年。十多年发展，大浪淘沙。距离世界一流大学、一流学系，我们存在着不小的差距，基本还处于“强专业，弱学术”的位置。但是我们白手起家，从无到有。我们含辛茹苦地劳作，建构自身的品牌。在这个过程中，我们遇到过不少的问题，但是多年来形成了最为重要的经营资源，具有很强的“纠偏能力”。例如，我们提倡人的因素第一，提倡一线第一，能力第一。

广告学专业所属知识产业，专业知识更新的频率相当高，是一个典型的“市场的知识装置”。凭借大学的资源，吸纳各种相关学科的知识，加工，改造，再向市场输送两种产品：专业知识和专业人才。

为此，我们确立了这么一种观念：产品就是学生（所以，选用上等好料，同时注意出路）；生产者就是教员（与产业工人不同，是艺术的创造性加工，所以实践经验和鲜度知识至关重要）；生产环节在于课堂教学（系统知识和专业知识的输入）和实验培训（方法和能力的培养）。而作为产品生产者的教员，必须通过加强自身的学术研究能力，不断获取新经验、新知识，唯有如此，才能同步于专业的发展。换句话说，专业教员们知识上的吸收和创新，最好的办法就是科研活动。

所以说,这一套广告系列教材的面世,是我们加大研究和学术力量的良好开端和阶段性成果。该套丛书涉及到广告学的诸多领域:广告学基础理论、品牌研究、媒介研究、广告效果研究、广告史研究、广告主研究、广告艺术设计研究,等等。

十余年来,通过广告学系同仁的努力奋斗,在建立专业的权威和引导地位方面,有些目标已经达到。但是,这只是“本土”的目标。我们的大目标是“国际”的目标。换言之,我们的专业教育和专业领域研究,要与国际接轨,得到国际认同。

面对21世纪,我们自己所处的专业会有什么样的变化?

学系应该建立什么样的制度来激励教员的科研活动?

科研和教学以及经营三者应该如何有机联系?

如何在专业领域建立科研的领先地位?

面对新的挑战,我们仍需努力!

黄升民

中国传媒大学广告学院院长

写在前面的话

我在电视台的专题部、广告公司的创意部和影视部各有数年的工作经历，后来在北京广播学院（今改称中国传媒大学）广告系开始自己的教师生涯。教过几年书之后觉得，科班培养的广告人才，首先应该是通才，对市场调查、市场营销、广告策划、广告创意、媒介策划都要了解和掌握。在以后的职场操练中还要根据自己的爱好专一所长，因为，毕竟广告是个系统工程，它需要各类专业人才团队作业、通力合作。这是我的广告人才观，是题外话。

提起影视广告摄制，许多青年学生热血沸腾，认为这是整个广告活动中最出彩儿的环节，折腾了半天，不就是要弄一条惊天动地的广告片出来吗？且不说片子要是能在亚太、戛纳等广告节上获个大奖，四海扬名，单就是能在片场对各路人马，包括影视大腕、后起新秀喝三吆四，就够过瘾的。的确，广告的摄制与影视剧的摄制一样，是比较时尚的行当，对广大青少年很有吸引力。但是不要忘了，影视广告摄制的终极目的是要为促销企业的产品而服务，是要树立企业的公众形象，影视广告的摄制与影视剧的摄制使用的虽然都是视听语言，但它们之间是有质的区别的。因此，有志于日后从事影视广告摄制的同学千万不能忽视我以上所说的相关专业的学习，首先要成为一个广告通才。不然的话，企业老板就会像亨利·福特一世（前美国汽车大王）那样怪罪说："用于广告上的钱有一半打了水漂，搞不清楚的是，到底哪一半打了水漂。"你作为广告片的摄制者，该负多少责任？

本书的定位是影视广告摄制的入门教程，因此，力求使初学者对与广告片制作相关的各个环节乃至许多细节都能够有所了解和掌握。影视广告制作并不像作家写书一样可以一人单独完成，从接单到最后摄制完成，自始至终需要许多团队的参与。在这一过程中既要与各式各样的机器设备打交道，更要与来自不同专业领域的人沟通和交流。所以，本书的论述不但有大量关于专业操作的章节，也有相当章节是对所谓制作实务的描述。从这个意义上讲，本书要完成的任务是要对一个影视广告制作入门者进行一次全程的指导。

和群坡

第一章 接 单

一、影视广告摄制是一门生意

“单”是生意术语,与英语中的“case”大致相当。在商业活动中,“单”虽然不是一个很正规的商业用语,在签订商业合同时基本不用此词,但平常的使用频率却很高。“有单了”、“接单了”或者“下单了”,都是来了生意的意思。“单”也可以作为量词使用,比如“这一单”、“两单”、“三单”等。在我们的日常生活中也经常使用这个词,在餐馆吃完饭后我们要“买单”。

影视广告摄制实质上是商业活动,它与开餐馆、做贸易、搞建筑一样,是一门生意。广告公司和影视广告制作公司,是从事商业活动的公司,而不是什么艺术单位。不要把拍摄广告当作艺术创作,它是一个最终要有经济效益产生的商业活动。关于经济效益这一点,我会在后面的章节里加以论述。在英语中,影视广告被称为“CF”,也就是“Commercial Film”(直译:商业影片)。因此,在影视广告摄制中,也经常使用“单”这个词。“有单”、“没单”,“单多”、“单少”,对一个广告公司或者制作公司来说至关重要,“单”关乎着一个公司的生死存亡。

二、竞标说明会

目前,北京、上海、广州、深圳等大城市有多达数百家影视广告制作公司,但一般来说,广告主拍摄广告时并不直接去找这些制作公司,而是去找广告公司。因为许多制作公司对机器设备、拍摄技术、后期制作都很精通,但对广告并不熟悉,也想不出好的广告创意。

1. 广告公司的专业性

广告主找广告公司,是因为广告公司有广告方面的专业人员,他们可以倾听广告主关于拍摄这支广告片的详细信息,并与广告主交换意见,进行有益的交流。比如,为什么要拍这支广告,拍这支广告要达到什么效果,要在哪些电视媒体上投放,什么时间段投放,投放周期和频率,产品本身有什么卖点,竞争对手的情况,营销做得怎么样,铺货情况,拍摄预算大概是多少,对广告影片有什么特殊要求,用不用影视明星,等等。广告主与广告公司的专业人员谈这些,会觉得他们对广告很在行,片子交给他们做比较放心。而广告公司的专业人员,在仔细倾听广告客户想法的时候,要积极地提出一些建设性的意见,使广告主及时纠正一些不切实际的打算,使他们的思路更加清晰,把不成熟的想法变得成熟。特别是那些第一次拍摄广告的广告客户,他们基本上是个门外汉,对广告摄制一无所知,这时就要更加耐心地给他们讲解广告摄制方面的基本知识。比如,广告片的摄制从创意、画故事板、到拍摄制作、到投放,需要一个周期,不可能一两天就完成;广告片的摄制价格会因为创意、拍摄难度、是否用知名演员等而有所不同,等等。总之,你对客户越有耐心,你的专业知识越丰富,你就越能赢得客户的信任,接到这单活儿的可能性就越大。要尊重客户,对客户的每一个意见都要予以重视,哪怕他的一些意见听起来很可笑。

2. 投标公司的选择

当广告客户决定拍摄一支广告影片的时候,一般会采取招标的方式,同时找三五家公司来竞标,竞标的内容包括创意、制作经费和制作周期。客户选择参与竞标的广告公司时,一般采取两种方式,一种是根据广告公司的名气,采取这种方式的广告客户大多都是大企业,他们已经有多年做广告的经验,对广告这一行业比较熟悉,了解在众多的广告公司中,哪些广告公司是实力强、名气大的公司。在这种情况下,小公司、新公司往往会被他们排除在视野之外,那些知名度高的大公司会占很大的便宜,尽管他们的创意不一定是最好的,而且拍摄广告的预算通常很高。第二种方式是朋友推荐,也就是你有一个朋友在这个客户的企业工作,他会向该企业负责招标的人士推荐你的公司参加竞标。在广告这个行业里,与其他行业一样,有朋友的帮助总比自己单打独斗要好得多。尤其对一些刚刚出道的小公司来说,朋友、熟人的帮助是至关重要的。不管是哪一种方式,如果你的公司最终被选中参与竞标,都是值得庆贺的事情,那意味着你将有机会赢得一单生意。

3. 竞标说明会

客户在选择了广告公司后,往往会举行一个竞标说明会,你与广告客户的初次正式接触就在这个竞标说明会上。在这个会上,客户会对自己的企业、产品、市场状况,对广告片的要求等等情况,进行详细的说明。

(1)说明会的时间和地点

竞标说明会一般会在客户的公司里进行。在出席竞标说明会之前,一定要记清楚竞标说明会举行的时间、地点,把它写在公司记事板的显著位置,并以某种方式予以突出。如果对地点不熟悉,就要问清楚该地点所在的位置,并知道怎样走以及需要多少时间。参加竞标说明会的那一天,一定要准时到达,不要用堵车之类的借口为迟到开脱,那样会让客户觉得缺乏敬业精神和没有诚意。不能迟到,但最好也不要提前很长时间到达见面地点,那样会打乱客户的工作日程安排,还会让客户觉得你太想得到这单生意了,而使你在以后的谈判中处于不利的位置。如果要提前,提前个三五分钟就可以了。

如果竞标说明会的时间、地点有变更,客户会电话通知,不管客户以何种借口变更,或者客户变更多少次,广告公司都要诚恳地予以谅解,并按照客户重新约定的时间前往。前面说过,广告拍摄是生意经,在生意里,客户永远是上帝,客户永远正确,否则你就会丢掉这单生意。

(2)参加说明会的人数

参加竞标说明会,广告公司派什么职位的人,派几个人去也是一个要注意的问题。一般来说,人数不宜太多,但要精干。人数太多,有时并不会让客户觉得你对这单业务重视,反而会使客户觉得他要在这单活上,额外花费很多钱给这些来见面的人,虽然一些人只是一块儿来听听客户的想法,初次见面之后不管这单业务成与不成,他们都要忙别的事去了。

(3)要注意礼仪

去参加竞标说明会当然是广告公司的工作了,因此,着装不能太随意,每一个人出发之前要注意一下自己的仪表是否得体,口气是否清新。还有,就是要带上做记录用的本子和笔,最好能带一个笔记本电脑和移动硬盘之类的设备,以便当场拷贝一些电子资料。

在等待竞标说明会开始之前,在会客室或会议室里见到其他广告公司的人员时,要热情地与他们打个招呼,虽然你们这次是竞争对手,但毕竟你们是同行,况且说不定有一天你们会有合作的机会。

竞标说明会开始时,会有一个主持人依次介绍客户参加会议的人员和各家广告公司的与会人员。有时间他也会让广告公司的人员进行自我介绍,包括名字和所在部门及职务。作自我介绍时,要落落大方,充满自信,而且要有亲和力,当然不要占用太多的时间,那样的话会显得过于自我和不太礼貌。如果你公司来开会的人较多,或者有人还不太善于当众介绍自己,选一个口才好的代表对公司全体与会人员进行介绍就不失为一个好的办法。

客户和广告公司交换名片,有时在竞标说明会开始时进行,有时在结束时进行,有时在中间进行。不管在什么时间进行,要牢记以下三点:一是,每个人都要带足够数量的名片,以免出现名片不够用的尴尬,或给客户留下对此次会议不重视的印象;二是,给对方递名片和接受对方的名片时,要讲究礼仪;三是,一定要把人和名片对上号,叫错对方的名字和职务是一件很致命的错误,这样的错误尤其不能发生在广告公司这个服务性的行业里。

(4)做好记录

在客户开始进行竞标说明时,要聚精会神地听,最好把手机关掉,以免有电话打进来影响你的注意力。虽然竞标说明会之后,客户有时会发给广告公司一些材料,但在会议进行期间,仍然要对一些重要的内容做些记录,这样可以在会后整理相关资料时,能够很快理出头绪和抓住重点。对有疑问的问题也要记下来,以便在客户的介绍结束时进行提问。

(5)说明会的主要内容

一些大型的竞标说明会可能是一个全案代理,包括策划、平面设计、媒介投放、广播广告录制、影视广告摄制、促销、公关等等,但本书的重点是影视广告摄制,并假定这只是一个影视广告摄制竞标说明会,其他环节在此不予论述。

竞标说明会的内容主要包括以下几个方面。

①产品或服务的名称。这是一个很重要的问题,因为有时产品或服务的名称本身就是一个很好的创意点。还有一种情况,客户推出的是一种新的产品或服务,需要广告公司帮助取一个好名字。

②产品或服务的特点、功能,以及目标消费者。

③广告影片的时长:30 秒?15 秒?5 秒?一般情况下,是拍一个 30 秒的广告,套剪成 15 秒、5 秒三个版本。所谓的套剪就是,15 秒和 5 秒这两个版本不另外拍摄,而是对 30 秒的版本重新进行剪辑而成。很明显,套剪可以节约摄制成本,但存在的问题是 30 秒的广告故事剪辑成 15 秒后,会支离破碎,会很仓促,观众会看不明白。这个问题一直困扰着很多广告公司,相关人士提议,客户在电视上进行投放时,如果 15 秒的版本投放较多,而 30 秒的版本基本以资料的形式被客户锁在档案柜里,那就直接以 15 秒为时间单位进行创意和拍摄。但这得对客户进行说服工作。

④胶片拍摄或者磁带拍摄。在前期拍摄中,是选择胶片进行拍摄或者使用磁带进行拍摄,与完成片的画面效果和摄制经费有关。一般来说,胶片的画面效果在画质、色彩饱和度、透视感等方面,要优于磁带。但就同一个创意而言,胶片的拍摄成本要高于磁带。主要因为:胶片拍摄曝光后,不可重复使用,而磁带可以反复使用;胶片前期拍完后,在进行后期剪辑时,要经过冲洗、胶转磁等环节,而磁带拍摄不必经过这些环节,可以直接进行剪辑。关于胶片和磁带拍摄,本书第八章予以详细论述。

⑤故事板提案的时间。什么是故事板,故事板如何制作,本书第七章会有详细论述。简单说,故事板提案就是把创意用故事板的形式表现出来,展示给客户看。故事板提案是决定广告公司成败的关键一步,那些创意烂、不符合客户要求的广告公司将在这个阶段出局。

⑥制作周期和交片时间。这要由客户的实际需要而定,客户往往给广告公司的制作周期较短,如果完不成就要明确向客户提出,请求客户延长周期。但如果其他广告公司能够如期完成,那你在这个方面就占不到优势了。特别是,如果客户的广告投放时间已经定了下来,你就必须在此时间之前的一段时间里如期交片(电视台还要对广告片进行审查、入库,这也需要一段时间),否则延误了播出,会闯下大祸。

⑦制作预算。客户准备花多少钱来拍这个片子,这个问题客户有时不明确提出,而让广告公司根据自己以后的创意来报价。但实际上几乎每个客户在准备投拍一部广告片时,就有一个大致的预算。他们之所以不明确提出,其一,恐怕广告公司受预算的局限,想不出好的创意,或者预算过低恐怕说出来会影响广告公司的积极性;其二,客户害怕自己的预算会高于广告公司的报价,但实际情况是,几乎没有广告公司

的报价低于过客户的预算。总之,在客户公开自己的预算或广告公司的报价被接受之前,制作预算会是个很神秘的事,一直困扰着广告公司。

客户不公开自己的制作预算,广告公司如何报价就需要技巧。一般来说,如果你的创意足够好,完全打动了客户,那你就会处于一个有利的位置去和客户讨价还价。也许客户会为你的创意增加些预算,但也可能因为你的创意拍摄成本过高,超出了他们的承受能力而忍痛割爱。关于报价本书第十章有专门的论述。

(6)广告公司要问的问题

竞标说明会大致会围绕以上七个方面进行。客户介绍完之后,广告公司可以对自己有疑问的问题进行提问,比如:

①产品或服务的名称如果需要广告公司去起,有什么具体要求。

②客户最希望广告影片突出的产品或服务的特点、功能是什么。

③产品或服务定位的目标消费者有哪些消费特征。

④产品或服务的竞争对手情况。

⑤产品或服务在销售过程中遇到了什么问题(假定该产品或服务在投放广告之前已经在市场销售)。

⑥有什么促销措施和公关手段。

⑦在哪家电视台投放。

⑧制作预算是多少(当客户没有公开自己的制作预算时)。

⑨广告片的风格,等等。

(7)提问时要注意的问题

客户是乐于回答以上这些问题的,这表明你对他们的产品或服务有兴趣,对这项业务的态度认真、积极。客户对这些问题的回答,说不定在日后会成为创意的灵感来源。在提问时要注意以下问题:

①语气要谦和并有亲和力,切忌咄咄逼人地质问,虽然这可能是由于你内心比较紧张而致,但会给客户留下不好的印象,认为你盛气凌人,对这单生意不在乎。

②要有条理性。

③简洁不啰嗦,不要问客户此前已经说明过的问题。

④不要占用太多时间,节约客户的时间,也给其他的广告公司留一些时间。如果你确实有很多问题要问,应该问最主要的问题,其他问题要么其他的公司会问到,要么会后通过其他的形式(电话、电邮、传真)咨询客户。

⑤提问时使用专业词汇,否则客户会认为你的公司不是一个专业的广告公司,不

懂广告和营销,不懂影视广告的拍摄,会对你的公司不够信任。只有专业人士才能让客户放心,才能得到专业的报酬,这在其他商业领域也是如此。

无论最后结局如何,能被客户邀请参加竞标说明会,就已经比未被邀请的公司多了一个商业机会,虽然还会有诸多因素影响最后的成败,但也一定要分外珍惜这次机会,竭尽全力去搏一搏。

复习题

1. 为什么说影视广告摄制是一门生意?
2. 参加竞标说明会时,要注意哪些问题?
3. 在竞标说明会上,如何向客户提问?

第二章 谁会参与这单生意

一、广告公司的组织结构

在回答这个问题之前，有必要简单介绍一下广告公司的组织结构。一个综合性的广告代理公司大致由以下部门组成：客户部、创作部、市场调研部、媒介部、促销公关部、其他行政管理部门，包括行政、人事、财务等，以下是对上述各部门职能的简要介绍。

1.客户代表

简单来讲，客户部里是一帮口齿伶俐，善于揣摩别人心思，极其善于与人沟通的家伙，通常长相都还不错。他们对广告专业方面的知识有一个初步的了解，但不要求他们达到能够做案子的水平，他们的职责是为公司承揽广告业务（当然也包括影视广告），维持好客户关系，他们要与客户及时沟通，把客户的意图传达给创作人员，并协助创作人员向客户“推销”本公司的作品（策划方案、创意等）。

他们负责与客户联络竞标和提案会等会谈的时间和地点，并在双方开会时适当地活跃一下当时的气氛，有时还要弥补一下创作人员表达上的不足。逢年过节，由他们代表公司向客户赠送纪念品，并与客户举行一些联谊活动。如果酒量够大，可能就更有利于他们搞好客户关系。他们还负责向客户请款并做其他的一些事情，在英语中，他们被称为“AE（account executive）”，中文里则称他们为：客户代表，客户人员，业务主管，做客户等。

2.市场调研人员

市场调研部是一帮用数字说话的家伙，他们精于调查研究工作，经常搜集相关的市场情报进行分析，对一些看似枯燥的数据统计工作乐此不疲，头脑冷静，思维缜密，他们的调研结果为各类广告活动提供准确的数据支持，并为公司创建一个庞大的数据资料库，以便公司其他部门的人员在需要时使用。

他们既要精通统计分析方面的知识，还要对广告行业有相当的了解，设计科学专业的调查问卷也是他们的专长。在一些中小型广告公司，处于人员开支方面的考虑，往往不专门设立这一部门，需要进行这方面的工作时，他们会付钱给一些专业调查公司去做。

3. 媒介人员

媒介部是一个负责与各类媒体打交道，为客户制定各种媒体计划并负责投放的部门。他们要把客户的广告投放预算进行合理、有效益的分配，他们要有数学家和经济学家的脑子，同时还要兼具商人的素质。他们对各类媒体有相当的了解，还会在广告价格上与媒体讨价还价，在保证广告投放效果的同时，争取最大程度的折扣，来为公司多增加些经济利益。收视率、收视人群、发行量、目标受众、返点、千人成本等等这些名词他们耳熟能详，并经常挂在嘴边。制定一个好的且具执行力的媒体计划，常常也需要非凡的创造力。

4. 促销公关人员

促销公关部，有时也分为两个部门：促销部和公关部。简单来说，他们要为客户采取一些硬广告之外的其他一些办法，促进产品的销售，树立企业和产品良好的品牌形象。这些办法包括，在合适的时间和地点为产品举行路演活动，为产品销售“制造事件”（以便为新闻炒作提供素材），定期不定期地发布产品或企业的“软新闻”等。

如果公司规模不大，也不会专设此类部门，需要时，他们会把此类事情外包给专业的活动公司和公关公司去做，这类公司和影视广告制作公司一样，是广告公司的下游公司，他们在这些方面做得很专业，但收费也不菲。

5. 行政管理人员

行政管理部门负责公司的日常事务性工作，是广告公司的后勤部门，懂不懂广告，具备不具备一些专业知识，对他们来说，似乎关系不大，他们照样可以干好自己的本职工作。不过据笔者的观察，这些人由于天资聪慧，在经过长时间耳濡目染之后，谈起广告来也头头是道。

由以上这些部门的职责可以看出，在广告投拍之前，这单生意的参与者是客户部的客户人员和创作部的创作人员。客户人员把生意承揽过来，开过竞标说明会之后，这单生意的成败就落在创作部诸位仁兄的身上了。

二、广告公司的灵魂部门——创作部

一般的广告公司可以没有市场调研部,可以没有促销公关部,甚至可以没有专职的行政管理部,但创作部不可或缺。广告公司靠脑子获取利润,是典型的所谓"智业",而创作部就是广告公司的脑子,一个广告公司如果连创作部都不设,就会非常奇怪而令人怀疑。

1. 创作部的伙计们

创作部的职责不言而喻,基本上与策划、创意和文案相关的工作,创作部都要去做,他们要写出有实施价值的策划,想出有冲击力的广告文案和广告语,当然更要想出令人叫绝的平面、广播和影视广告创意。

创作部的家伙们脑子一流,有非凡的创造精神,智商和情商均高于常人,精神世界充沛而细腻,对生活和工作充满火一般的激情。他们有超乎常人的幽默感,是编故事的老手(往往谈恋爱也很在行)。讲起话来出口成章,口若悬河,极具感染力和鼓动性。工作起来非常投入,为想出一个好的创意可以三天三夜不睡觉,可以吸掉十几包香烟,喝掉几十杯咖啡。

他们也是很好的写手,大量令人捧腹的手机短信就是出自他们之手,有时还会客串写写电视剧和电影。他们"几乎都具有两种重要的独特性格:第一,普天之下,没有什么题目是他不感兴趣的。例如,从埃及人的葬礼习俗到现代艺术,生活的每一层面都使他向往。第二,他广泛浏览各行业中所有的资讯。对此而论,广告人与乳牛一样,不吃嫩叶就不能产乳!"①

他们意志坚强,神经如钢丝般坚韧,纵使自己的创意被客户"枪毙"一百次,也毫不气馁,可以重新开始。他们自视很高,对"不当总统就当广告人"这一名言深信不疑。他们常常以艺术家自居,不但在穿衣打扮上,而且在行为方式和思维方式上也狂放不羁,特立独行。虽然如此,个性洒脱自由并不意味着可以率性为之,可以单打独斗。因为广告创作是为产品服务,是"命题创作",他们的工作需要其他部门的配合和支持,因此,具备团队精神尤其重要。优秀的创意人员在这方面表现得头脑冷静,并具有与他人合作沟通的高超能力。

---

① 詹姆斯·韦伯·扬著,刘毅志 编译:《广告人与创意》,中国对外经济贸易广告协会 编印,1990 年 7 月,第 104 页。

2. 创作部的组织结构

创作部的组织结构如图 2－1 所示：

(1) 创意总监

上图所示的创意总监严格来讲并不隶属于创作部，在广告公司中他（她）是一个副总经理级别的人物，是创作工作的最高领导人。创意总监具有极其丰富的创作经验，具备很强的创造才能，精通广告业务。他还具有非凡的鉴别能力、卓越的组织才能和鼓动人心的力量，善于启发和引领全公司的创作人员投入到创作中去。他一般不从事具体的创意工作，当创作部为某个创意的优劣高下争执不下时，他有最后的裁决权。

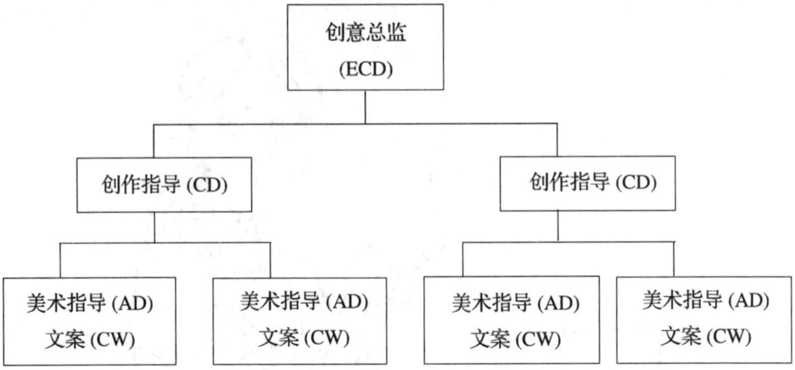

图 2 - 1　广告公司创作部的组织结构

创意总监主持和领导公司的创作工作,负责重要客户的提案工作,参加公司与重要客户的谈判,并与公司最高管理层一起讨论、决定公司未来的发展方向。能够成为一个著名广告公司的创意总监,是很多广告人一生的梦想。

(2)文案人员

文案是创作队伍的最基本的成员,负责创意的发想、完善,并把创意的思路或结果最终整理出来,诉诸于文字。文案人员要有良好的形象思维能力,很强的文字表达能力,具备编故事的天赋,能熟练运用视听语言,在创意过程中起到冲锋队的作用。

(3)美术人员

美术人员常常被称为美术指导,他们是创作小组中的另一位基本成员,他们要与文案一起进行创意的发想,但更侧重于创意视觉化的工作,最终要把广告创意用故事板的形式画出来。美术指导必须具备创造性的形象思维能力,扎实的美术功底,极强的画面表达能力。

(4)创作指导

创作指导是每个创意小组的负责人,在规模不大的公司也称为创作总监或者创意总监,负责指导文案和美术的创作工作,善于发现问题并能及时提出具体的改进意见,随时把握创作的方向和进度。

在一个创作小组中,理想的状态是有男有女,要么是男文案女美术,要么是女文案男美术,这样男女不同的思维方式可以相互弥补和完善,而且可以保持一种和谐、有趣味的工作气氛。想想看，如果创作小组都是同一性别，该是多么乏味、呆板的事，指望在这样的组合中出现非凡的大创意是不太容易的。

从上面金字塔形状的组织结构图可以看出，创意总监和创作指导都是由最基层的文案或美术人员随着能力和经验的增长，一步步提升上去的。先是普通的文案或美术人员，然后升格为副创作指导，创作指导，副创意总监，最后才能达到创意总监这个顶峰。

复习题

1. 一个综合代理型广告公司，有哪几个主要部门组成？

2. 画出广告公司创作部的组织结构图，并说明每个职位的职责。

3. 你认为一个优秀的创作人员应该具备什么样的素质？

第三章　让我们来“脑力激荡”

一、创意之前的科学流程

在整体广告目标和战略明确之后，便要写出一份创意纲要，指导创作小组创作和制作广告。在一些广告公司，创意纲要也被称为文案框架、工作计划或文案（或创意）战略文本。不管名称怎样，创意纲要就是一份对广告创作过程中必须考虑的一些重要问题的简单书面说明。这些问题涉及到：谁？为什么？是什么？在哪里以及什么时候？

- 谁？从行为学、人口统计学、地理学、消费心态学的角度来看，谁是潜在的消费者，他们有什么个性？
- 为什么？消费者是否具有广告可以针对的特殊需求和欲望？一般会采用理性诉求和感性诉求这两大类诉求。理性诉求针对消费者对产品或服务的实用性和功能性需求；感性诉求针对消费者的心理、社会或象征性需求。
- 是什么？产品是否具备能满足消费者需求的特性？有哪些因素可以支持产品的承诺？产品是如何定位的？可以或已经为产品或企业创造了什么样的个性或形象？有哪些感知上的优势值得宣扬？有哪些弱点必须处理？
- 何时、何处传播这些讯息？通过什么媒介？在什么时候、什么地区？
- 最后，广告将采用什么风格？什么手法？什么基调？文案要说些什么？

创意纲要必须说明准备向消费者展示产品的什么利益，但不涉及实施上的问题。如何表现这些利益则是创作小组的工作。

宝洁公司和李奥·贝纳广告公司采用一种简明创意纲要，由以下三个部分组成：

(1)目标说明

目标说明要具体、准确地描述广告打算达到什么目的或要解决什么问题，还应该包括产品/服务的品牌名称以及对目标消费者简要、具体的描述。

(2)支持性说明

对支持产品承诺的证据进行简要说明，也就是消费者获得利益的原由。

(3)基调或品牌特点说明

对广告基调或品牌长远特点进行简要说明。基调说明是对广告战略的短期感性描述;品牌特点说明则是对品牌持久价值——即赋予产品品牌资产的东西——的长期描述。

创意纲要的完成意味着广告战略制定阶段的结束,但同时又标志着广告创意过程的开始。在此阶段,创作小组要制定出讯息战略,并开始寻找大创意。在写出第一条广告之后,文案应该对照一下创意纲要,看看广告是否与纲要丝丝相扣,如果不行,要推翻重来。要永远记住,广告创作不是天马行空的艺术创作,而是为了实现广告目标的“命题创作”。

创作小组负责为广告活动挖掘创意构思,并实施这些构思。在客户部提供的信息(已写入创意纲要)和其他调研结果的基础上,创作小组要制定出讯息战略。

讯息战略是对广告活动的整体创意手段进行简单描述和说明:广告要说些什么?如何去说?为什么要这样说?讯息战略由三部分组成:

①文字的。指明广告要说些什么,影响措辞的因素有什么?文案表现手法与传递讯息的媒介类型之间是什么关系?影视广告的文案撰写(对白、画外音、广告语)要符合影视视听传播的特性。

②非文字的。说明广告画面的整体特性,广告必须使用的视觉形式以及画面与媒介之间的关系。

③技巧。所选的实施手段与配置结果,包括一条广告的具体要求,诸如标识、口号、联络电话等。

由于所有以上这些因素都交织在一起,因此它们往往也同时发生变化,文字影响画面,反之亦然。讯息战略有助于创作小组把广告构思或创意推销给客户人员,也有助于客户人员向客户解释并维护创意作品。当然,讯息战略必须与创意纲要所列的广告战略保持一致,否则就有可能遭到拒绝。

在制定讯息战略的过程中,必须回答一些基本问题:市场如何细分?产品如何定位?谁是产品的最佳潜在消费者?目标受众与目标市场是否相同?消费者的利益是什么?产品或企业目前的形象如何?产品的独特优势在哪里?在这个时候,调研数据非常重要,调研会帮助创作小组回答上述问题。

二、头脑风暴

广告是一个时时刻刻需要团队作业的行当，当进行广告创意时，这种团队精神尤其重要，广告创意是一个不断发想，不断完善，不断舍弃，再不断发想的过程，在这一过程中，靠一己之脑力和经验，是非常单薄的，一个人的苦思冥想毕竟很难想出大创意(big idea)。在创意的作业过程中，通常采用的方法叫“头脑风暴法”。

头脑风暴法(brainstorming)，即集体自由讨论，在港台最早翻译为“头脑风暴”，因其更具广告色彩，被业内广泛采用此名称，后来大陆的一些创意人士把它称为“脑力激荡”，名字译法虽然不同，但形式和内容却是一样的。头脑风暴法由 BBDO 的亚历克斯·奥斯本(Alex Osborn)创建，指两个或更多的人聚在一起构思创意的一个过程。

根据笔者的观察，头脑风暴时，最佳的人数为五六个人，既要有文案人员，也要有美术人员，最好有一个经验丰富的创作指导能参与其中，这样他能在关键的时候把握一个努力的方向。头脑风暴的地点可以是公司的会议室，也可以是有利于发想创意的酒吧、茶馆，这要看每个公司的作业习惯和经济状况，一些实力雄厚的大公司，遇到大的案子时，会在风景优美的度假村租一栋别墅供创意小组头脑风暴。

头脑风暴讨论会往往会是灵感喷涌的源泉，但如果想成功地运用此法，必须遵循以下几条原则：

(1)任何创意不得受人批评

也许有的创意听起来非常可笑和离谱(即没有任何创意是“错”的),也不能对别人的创意发表诸如此类的评论:“算了吧,这创意不行”,“客户根本不会接受这个创意”,“我看不到这创意有什么优点,我觉得这创意不行”,“似曾相识啊”,“不靠谱”等等。

(2)所有创意都应记录在案

用心理学家的话来说,头脑风暴是一个自由联想的过程,应该给每个新创意一个启发别人的机会,其目的是把所有灵感都记载下来,以备将来参考。

(3)不得偷懒

每个人要积极发想自己的创意,同时,也要积极参与完善他人的创意。

(4)尽量避免漫无边际的闲谈

一些头脑风暴会因为对创意感觉的缺失,最后演变为时事讨论会或者见闻汇报会。讨论时适当的放松是必要的,但不能偏离创意的主题。

头脑风暴会议不可能一蹴而就,仅仅开一次就能想出几个大创意。除非运气极好,否则头脑风暴会议要开若干次才能完成它的使命。

在头脑风暴进行创意的过程中,还有一些其他技巧,诸如:摆脱自己的专业领域(观察外部世界或其他行业,借他山之石);改变视点(注意不同信息);纵观全局(置身局外,看得更清楚、更全面);避免熟视无睹(最好的创意就在眼前);不怕迷路(也许会有意外的发现);将承诺移植到新的领域(将所有新创意都记录下来,以防忘却)。

为了使自己的创意之泉流淌不竭,绝大多数文案人员和美术指导都保存有大量获奖广告的光盘和书籍,不少人还会有一个备忘录,里边记录了一大堆自己喜爱的广告档案。这些会对启发自己的创意思路有所帮助。

复习题

1. 创意纲要包括哪些内容?

2. 头脑风暴讨论会要遵守哪些原则?

练习题

采用头脑风暴法,创作一条30秒的电视公益广告,主题自定,写出创意即可。

第四章　关于创意

广告创意,对于整个广告业来说是一个大的课题。对广告公司来讲,他们唯一能卖给客户,而客户在别处又得不到的东西,就是创意了。因此,创意在广告公司的价值链条中,是最能体现广告公司价值的那个环节。

关于创意方面的论述和著作称得上洋洋大观,汗牛充栋。但每年从全世界的范围来看,能让人击节叫好的优秀电视广告不足百条。笔者认为,广告创意有原则必遵,有规律可循,有榜样可学,有光盘和书可看。但在实际创作过程中,好的广告创意的产生需要执着,需要经验,需要天赋,需要生活的底蕴,有时也需要运气。

优秀的广告创意人,应该是一个热爱生活,对广告创意充满激情,知识渊博,富于创造力,发散思维能力超强,有强烈的幽默感,具备广告专业知识,喜欢挑战而又不畏挫折的人。一个优秀创意人员取得的成就,植根于他们为了各种不同目的而多年练就的那种保持新奇、有趣、有的放矢而又独特的能力。

一、何谓创意

什么是创意？对此的解释五花八门,众说纷纭,但至今没有一个统一、明确的概念。本书无意在这里再对创意的概念进行论证和探讨,而是把关于创意的一些说法提供给诸位,希望能给大家一些启迪和思考。

(1)广告创意虽然要体现市场策略,但它不是市场策略的文字化或者图像化。

(2)广告创意不是制作技术。

当影视广告前期和后期的制作手段,由于设备不断升级而越来越高级,而使广告画面越来越漂亮时,就让人误认为许多制作精良的广告就是有创意的广告。但实际上,许多制作精良的广告恰恰缺乏创意,使它们看起来像没有灵魂的美人。当然,可以用制作技术来增加广告的吸引力,但必须把创意和制作技术分开,制作技术可以花钱买到,但创意可是花多少钱都未必能想出来的。记住,摄影机和电脑没有创意,有创意的是你。

(3)创意是自己的孩子,你期盼它诞生,却无法掌握它会成为什么样子。

(4)广告创意,就是一种"创"造"意"外的能力。

(5)广告创意就是在消费者需要的地方满足需要,在消费者不需要的地方创造需要。

(6)广告创意是用刀去开启内心隐蔽的仓库时,所发出的响亮而不平凡的声音。

(7)创意是把苍蝇变成葱花,让狂想成真,自创新意。

(8)创意就是把原来使用过的许多旧要素做一个新的组合。

二、什么是优秀的广告创意

◆ 建立在整体广告战略之上的大胆而又富于首创精神的创意,以一种别开生面的方式将产品利益与消费者的欲望结合起来,为广告表现对象注入生命活力,使观众忍不住反复观看。

◆ 大卫·奥格威认为可以通过以下五个问题,帮助我们确认一个好的创意:

(1)在我第一眼看到它时,它是否就紧紧抓住了我的注意力?

(2)我是不是希望自己也能想到这个点子?(一个好的广告创意是会令其他创意同行艳羡不已甚至嫉妒的。)

(3)是不是很独特?(好的广告创意应该具备"惊异效果",常常会使人大吃一惊。)

(4)是否符合公司制定的广告策略?

(5)是否可以用30年以上?(一个好的广告创意会有持久而广泛的影响力,历经多年而不衰。)

◆ 好的广告创意一般不需要很高的制作成本,却常常发挥出"四两拨千斤"的效果。以创意本身吸引观众的眼球,而不是靠令人眼花缭乱的高成本制作吸引观众。

◆ 好的广告创意不是靠广告的播出频次让观众记住。如果创意足够好,就会引发收视人群的"口碑效应",靠人际传播,一传十,十传百,可以省下数额不菲的投放费用而达到同样的传播效果。

◆ 好的创意就是能够实现广告目标的创意。仅仅靠一条电视广告不能解决产品营销中的所有问题,这在当今业界已经成为一个常识。因此,如果一个创意实现了广告的目标,它就是一个好的创意,就是一个大创意,尽管有时这个创意看起来似乎很"烂"(注意:不能"烂"到影响产品品牌形象的地步)。

要实现的广告目标包括以下几个层面:

(1)提升了产品的知名度;

(2)提高了产品的销售额;

(3)树立了产品或企业的品牌形象;

(4)提高了产品的美誉度。

三、影视广告创意的表现手法

对于每天面对创意挑战的人而言,创意似乎是可遇而不可求的。做创意的人常想,创意应该时刻在你左右,可是当你需要它时,可能它又销声匿迹,正因为这样,爱恨交织充满在创意与创意人之间。从经验上看,其实你可以透过有形的条件去激发、寻找创意,如果你想轻松点找到创意,那么探讨影视广告的表现手法就是一个途径。

1.先确认你想怎样表现

(1)告知式

向目标消费者直接地、真实地传达产品新的信息,让消费者很快地记住产品的利益。

(2)产品示范式

产品示范一直是广告中最容易记忆的部分,所以不要放过任何机会向你的消费者展示产品的优点,而这个优点是消费者最关心的!

(3)比较式

当你的产品具有独特的卖点,而且竞争对手非常强大时,这是一个很好的方式。但切记,比较不一定要贬低对手,而且非常直接的比较式广告在目前是被法律禁止的。另外,还需牢记,当自己是领导品牌时,要避免使用比较式。

(4)新闻式

商业广告也能像新闻一样引起消费者的关注,如果你的品牌或产品具有新闻成分,就要想办法把它传达给消费者,消费者在了解品牌或产品的利益点之外,也能吸收到你传递的新知识!

2.再决定用谁来表现

(5)消费者证言式

消费者一直认为,演员无法完全扮演真实生活中的角色,他(她)更相信同为消费者的证言。消费者证言式广告,必须反映现实生活中证明消费者真的使用并喜爱你的产品。运用这个方式,可信度、感性与幽默不可或缺,绝不可呆板无趣！在这方面,国内某品牌牙膏的“吃嘛儿嘛儿香”篇广告做得比较成功。长期以来,宝洁公司的产品广告也大都采用消费者证言式。

(6)名人演出式

这种方式主要依赖于演出者。名人演出本身即具有一种新闻效应,选择的名人只具有知名度是不够的,应该选择与你产品相关,对建立品牌形象有益的演出者。只有让名人去表现产品特点时,名人演出才会显得更有效,消费者才不会只记得名人而忘了你的产品。

(7)中心人物式

很多知名大品牌均塑造了属于品牌或产品的中心人物。例如,麦当劳叔叔,肯德基上校,康师傅,M&M 巧克力小人物等等。

中心人物其实可以更快地拉近品牌与消费者之间的距离,尤其适合担任服务大使的角色。

(8)婴儿表现式

已往婴儿通常被用来表现或代言婴儿产品,但现在很多看似与婴儿无关的类别也常用婴儿代言,如汽车、家电、IT 类产品等等。

为什么婴儿表现会引起这么多青睐？因为婴儿纯真,不造作,不撒谎,引发童心,女性关爱……具有这么多优势的销售员为你做广告,消费者会不信吗？

(9)动物表现式

明星不一定都是人。在电影和电视里有很多动物明星,它们都是经过专业训练的。在消费者心目中,动物可爱、机灵,能唤起同情心,如果你的广告具有创造性,它们是有效合适的代言人。

为了让广告引人注意和招人喜爱,广告创意有所谓“3B”法则,即 Beast(动物)、Baby(婴儿)、Beauty(美人)。“3B”法则认为只要广告中出现了这三种元素,就能吸引观众的眼球,并博得他们的喜爱。

(10)产品主角式

如果你觉得产品的功能强大,一定会吸引消费者,那就让产品自己说话更具有说服力。

3. 如何表现更合适

(11) 生活片断式

这是最普遍也是最有说服力的表现手法。要想在这么多雷同的手法中脱颖而出，有几点可以帮助你：

①单纯：集中、单一地去陈述产品的利益点。

②问题与解决：产品如何解决消费者的问题，是消费者最关心的，但需要有趣味性的诉求。

③权威的数据：许多令人信服、成功的广告均建立在权威的数据基础上，但你传达的信息要与产品相关，而且具有延展性。这里要注意，影视广告是一个感性的媒体，长于煽情，短于说理，而且在时间长度上有严格的限制，因此在数据的引用上要运用好技巧，如果是通篇的数据展示，观众记不住，而且常常会使广告片枯燥乏味。

④示范：在生活片断中融合产品示范，可让你的品牌或产品主张及利益点显得更加可信。

(12) 幽默式

幽默是国际语言，它能够带来销售，消费者也喜欢欣赏幽默广告，但你要小心消费者只记得幽默的笑话而忘了产品。如果你想运作幽默式广告，广告的系列性并且与产品特点相关是你需要考虑的。

(13) 多情节片断式

表达更多生活形态，更具有趣味性，活力感和包容性更强的手法。

(14) 借用趣味式

公众人物、事件、历史英雄、经典的电影片断，或是简单的寓言故事，甚至于在国际广告节上获奖的广告，都可以借用改编，引发消费者的联想与趣味性。这是一条创意捷径。

(15) 情感式

人们在某些情况下会显得很感性，发掘这个特别的时刻用情感的方式去影响消费者的思维。

(16) 比喻式

用信息传递的方式可能会过于直接，适当运用比喻的方式，可以使你的信息更容易被记住。

4. 以怎样的情绪和格调来表现

(17) 生活形态式

当你的产品与竞争对手的差异性不大，而且强调生活形态的社会性而非功能性，运用这个手法会有较好的效果。

(18) 幻想式

假如你的产品信息诉求无法在真实条件下推销产品，幻想式可以带着产品的特点，让消费者进入超现实的世界去体验产品的卖点。幻想式一般较多出现在与年轻人相关的广告中。

(19) 怀旧式

广告与时装设计一样要掌握趋势，在一片新潮的设计里，怀旧的设计往往能够唤起人们对美好时光的回忆。

(20) 性感式

性感无疑很吸引男女人的眼球，也让世界充满美感。如果你正想销售香水、化妆品、时装饰品、保健品、个人护理品……性感可以帮助你销售，但不是所有产品都适用性感式，更不可为性感而性感。

5. 用怎样的技巧来表现

(21) 广告歌曲式

音乐、歌曲总能牵动人的情绪，回想一下你自己快乐时是否常常会哼哼唱唱呢？视听完美结合的广告一直是心灵沟通的好方式。

(22) 动画式

动画式可分为纯动画式以及动画与真人或实物结合的表现形式。一般而言，动画式会较多地结合上述的中心人物去进行表现。

(23) 系列广告式

一个好的创意，应该具有无穷的生命力，可以无限延伸。很多的成功案例均由系列的广告活动所建立。

上述内容只是经验的归纳与分析。关于广告创意的方式没有定论，规则是人定的，但也是让人来打破的！

四、几种巧妙处理创意的技巧

1. 调整

改变背景，想想除了显而易见的东西外，产品还有可能成为其他什么？1997年，西班牙巴塞罗那帝威柯·贝茨广告公司（Delvico Bates）为精华（Esencial）护手霜所作的一条广告就成功地运用了这一技巧。广告一开始，一名女性骑着一辆车链没打油、嘎吱嘎吱响个不停的自行车。然后，她下车，打开一瓶精华，在车链上抹了一些护手霜，然后上车骑走了——但车链仍旧嘎吱个不停。为什么会这样？这是因为，像旁白说的那样："精华保湿，不含油脂。"

2. 想象

问"如果……会怎样？"让你的想象长上翅膀，不要怕出丑。如果人们能在睡眠中完成讨厌的工作会怎么样？如果动物在大厅中畅饮会怎么样？美国一个叫克莱德（Clyde）的酒吧真的用了那条创意，广告表现了一头美丽的大象和一头漂亮的驴穿着西装，坐在桌旁互相敬酒，标题说："克莱德，人们的选择。"

3. 颠倒

从反面看待事物。有时，所期望结果的反面恰好具有很大的冲击力和记忆度。有家化妆品公司为其保湿润肤膏做的广告如是说："向你的丈夫介绍一位更年轻的女士。"大众老爷车的广告则采用了这么一条标题："丑陋只是表面现象。"

4. 联系

把两个不相干的想法合并在一起，问问你自己：我的构思能和哪些创意产生联系？国外一家服装家居公司的一条广告表现了一名高档时装模特的后背，只背着一个背包和灯罩，灯罩遮住了模特的身体中部，就像一件小衬衫。紧挨在公司标志旁边的广告词是"服装与家居"。为了鼓励人们索取目录介绍，加勒比皇家游轮公司的广告极为简单：一页目录封面，上面是简洁的标题："用邮件航海。"

5. 比喻

用一个概念描述另一个概念。国外一家公司是这样给自己的洋葱圈做广告的——在路牌上画一个洋葱圈，然后请开车的人“来做钻圈表演”。刊登在一家高档杂志上的派克高级钢笔的广告更是一个纯粹的比喻：“美妙绝伦，纯银出身，丝般流畅。”

6. 删节

抽掉部分东西，或打破常规。在广告制作中，墨守成规几乎不会有什么收获。例如，七喜就是因为宣传了它所不具备的因素（非可乐）而名声大噪，并且成功地把自己定位为可乐的替代品。大众汽车为了推介其新车型，曾采用了一系列幽默搞笑的广告，中间没有出现任何车子的身影。在一条广告中，一只毛绒绒的狗耐心地坐在一个电扇前，正在重复它在车里所做的：把头探出窗外享受微风轻拂，唯一的区别是这只狗是在屋里做这一切。

7. 滑稽模仿

开玩笑、逗乐、讲笑话——尤其是在压力之下。幽默与创造性发现之间有着密切的关系。幽默展开了我们的思维，如果运用得当，便可能产生出色的广告。美国飞乐公司（Fila）的电视广告“异乎寻常、绝对的狂欢、绝对的酷”篇，表现一只螳螂脚穿飞乐运动鞋飞快地爬上叶梗，以逃避杀手般的配偶。

五、向创意大师致敬

谁是当今的创意大师？这个问题至今尚未有定论。但在世界广告史上，有四位大师级的人物，以其非凡的创意能力和经典传世作品，还有他们对广告创意的卓越理论贡献而令业界后辈晚生缅怀。现将他们的创意方法和理念介绍如下，是对这几位创意大师的致敬，也希望能对诸位今后的创意生涯有所启迪。

1. 李奥·贝纳（Leo Burnett）和固有刺激法

李奥·贝纳于 1935 年 8 月在美国芝加哥创办了李奥·贝纳广告公司（Leo. Burnett Co.），后来，又创办了芝加哥广告学校，被尊称为芝加哥广告学校之父。李奥·贝纳先生虽然于 1971 年逝世，但李奥·贝纳广告公司仍然是当今世界上最大的广告公司之一。

李奥·贝纳认为，成功的广告创意的秘诀就在于找出产品本身固有的刺激。

“固有的刺激”也被称之为“与生俱来的戏剧性”,即用独特的方式去看待产品,找出这种产品本身所特有的东西。他说:“在我们的工作室中的基本观念之一,是我们在每一商品中所称之为‘与生俱来的戏剧性’。我们最重要的任务是把它挖掘出来加以利用,而不是投机取巧,或依靠雕琢的技巧及牵强的联想”。他强调:“每件商品,都有戏剧化的一面。我们当前迫切要做的,就是要替商品发掘出其特点,然后令商品戏剧化地成为广告里的英雄。”广告的工作,是辨别“产品本身所具有的能使它在市场中长期生存的东西……要抓住这种东西,无论它是什么,并使它引起注意”。

李奥·贝纳运用固有刺激法最成功的一例广告是他为“绿巨人”豌豆所做的广告。这则广告为了向消费者传达广告主在收割和包装豌豆过程中表现出的精心细致以及消费者对“新鲜”的渴求,使用了颇有浪漫气息的标题:“在月光下收割”,文案内容:“无论白天或夜晚,绿巨人豌豆都在最短的时间内选妥,风味绝佳,……从产地到装罐不超过三小时”,强调了豌豆的新鲜。李奥·贝纳解释说:“如果用‘新鲜罐装’做标题是非常容易想得到的,但是‘在月光下收割’则兼具新鲜的价值和浪漫的气氛,并包含着一种特别的关切,这在罐装豌豆的广告中是难得一见的妙句。”这一成功的创意,成为广告界的范例。

李奥·贝纳最著名的作品当属万宝路(Marlboro)牛仔形象的缔造。过滤嘴香烟传统上是女性香烟,1920年代,万宝路推出了白色香烟,红色过滤嘴包装,以掩饰唇印。但贝纳对这一传统进行了挑战,把万宝路发展为一个男性香烟品牌。他重新设计了香烟包装,改成红白相间图案,烟盒封口也改为上翻式。他在1955年推出的万宝路广告中引入了牛仔形象,而这一形象后来成为最著名的文化偶像。万宝路塑造了粗犷豪迈的牛仔形象,他们骑着马,赶着牲畜或在篝火旁休息,成了男性阳刚之气的象征。此后,万宝路广告一直使用在户外运动的男子的形象,比如橄榄球运动员、拳击手、滑艇赛手、赛车手、潜泳者等,突出男性的强壮和男子汉气质。贝纳创造了令人难忘的男子汉形象,这些广告是广告史上经久不衰的经典广告,同时也使万宝路成为全球销路最好的名牌产品之一。

李奥·贝纳一直强调从商品本身下手挖掘创意,如果你能有所发现,并能充分加以利用,广告就可以获得成功。但是,这种寻找和挖掘的功夫并非人人都能具备。李奥·贝纳认为,一个好的广告人应该是“一个社会的调查人,从心理学研究人性的人,对人类的兴趣、情绪、感情、倾向、爱好和憎恶各个方面作出深入观察的人。”因为只有细心观察的人才能挖掘出商品中“与生俱来的戏剧性”,否则只能是视而不见。

关于创意和广告,李奥·贝纳还有如下精彩论述:

"创意点子只能在人类的脑海里成形。只要有创意在,人们就能生存与繁荣。若没有创意,人类将还寄居在洞穴忙着撕生肉吃。所有被我们称之为财富的,称之为幸福的,事实上,所有被我们称之为文明的事物,全都是创意的产物。

我以身为一位广告人为荣。当然,如果你执意用挑剔的眼光来看待这整个过程,你会认定广告并不是一种说服,而是一种操纵。广告确实有可能会变成一种操纵——如果广告人失去诚信的话。

当身边的说服工具愈来愈强劲、精致、繁复,我们就有愈多的机会面对到巨大的诱惑——那种让我们不敢实话实说它(指产品。本书作者注)本来是怎样的诱惑,而只会含糊地说它可能会怎么样,甚或干脆去捏造它,说它根本不会怎样。"①

2. 罗瑟·瑞夫斯(Rosser Reeves)和独特销售建议法

罗瑟·瑞夫斯是世界著名的达彼思广告公司(Ted Bates Co.)的创始人。罗瑟·瑞夫斯认为,要想让广告活动获得成功,就必须依靠产品的独特销售建议(Unique Selling Proposition,简称UPS,也被称为独特的销售主张)。他认为广告的主要目的是抓住人们的注意力,而不是去取悦他们,因为他们中的一部分人根本就不会去购买产品。瑞夫斯也不过高估计消费者的智力水平和保持注意力的时间长度,因此,他只是简单地重复一个单一的主题。他的独特的销售建议包括三部分内容:

(1)消费者只从一则广告中记取一件东西,一个强有力的许诺,或是一个强有力的概念。每一条广告都必须给消费者提出一个建议,不光靠文字、画面等。每则广告都必须告诉受众:"买这个产品吧,你将从中获益。"

(2)提出的建议必须是竞争对手没有或无法提出的,无论在品牌方面还是在承诺方面都要独具一格。

(3)提出的建议必须要有足够的力量震撼消费者,也就是说,建议要有足够的力量吸引新顾客购买你的产品。

罗瑟·瑞夫斯相信,一旦独特的销售建议确定下来,就应该不断地在各个广告中提到这个建议并贯穿于整个活动。罗瑟·瑞夫斯为M&M巧克力所做的广告承诺:"只溶在口,不溶在手",是他最著名的UPS之一。

1954年的一天,M&M公司的总经理来到罗瑟·瑞夫斯的办公室。他认为自己

---

① (美)霍珀怀特著,(台)邱顺应译:《如何制作有效的广告影片》,企业管理出版社,2001年6月,第297页。

的广告不成功，他需要瑞夫斯为其提供一个能够被消费者接受的创意。双方经过10分钟的谈话之后，瑞夫斯认为，从这个产品自身之中，他已找出了客户需要的构想。当时，M&M巧克力是美国唯一用糖衣包着的巧克力，构思就建立在这一点上，完全不用再另外搜求构思。瑞夫斯说，这一关通过以后，剩下的难题就是广告创作人员如何利用这个构思创作一则广告。于是，在银幕上，他握着两只手，对观众说道："哪一只手中有M&M巧克力？不是这只脏手，而是这只手。因为M&M巧克力，只溶在口，不溶在手。""高露洁清洁您的牙齿，也清新您的口气"，也是瑞夫斯创作的著名广告语。

瑞夫斯经常引用科学证据来展示产品的差异，他的广告中常出现医生的形象，提出证据，或讨论只有他的产品中才有的某种特殊成分。在安那神（Anacin）广告中，瑞夫斯在一个人的脑袋里画了三幅画，表现头痛的感觉，一个是落下的大锤，一个是卷曲的弹簧，一个是锯状的闪电，自下而升至头部的"安那神"药片直达这些病症。广告口号是"安那神，医生最强烈推荐的止痛药"。这则广告虽令人不快，但却极大地推动了产品的销售。

3. 威廉·伯恩巴克（William Bernbach）和实施重心法

威廉·伯恩巴克出生于1911年，逝世于1982年。他于1949年和朋友创办了DDB广告公司（Doly Dane Bernbach），在这之前他是葛瑞（Grey）广告公司（进入我国的合资广告公司为精信广告公司）的创意总监。

在20世纪50年代初期，伯恩巴克开始提出实施重心法。按照他的观点，实施——广告讯息战略的"如何表达"——在广告中起决定性的作用，有效广告的秘诀便是抓住问题，然后把它变成一个画面刺激而又诚实可信的优点。按照伯恩巴克的观点，在创意的表现上，光是求新求异、与众不同并不够。杰出的广告创意不是夸大，也不是虚饰，而是要竭尽创意人员的智慧使广告讯息单纯化、清晰化、戏剧化，使它在消费者的脑海中留下深刻而难以磨灭的记忆。广告创作最难的事就是使广告讯息排除众多纷杂的事物而被消费者认知接受。广告必须制造足够的"噪音"才会被注意，但这些"噪音"绝非无的放矢，毫无意义。他认为，广告的技巧不在于"说什么（What to say）"——每家广告公司都知道说什么，其差别在于"如何说（The way you say）"。因此，出色的广告离不开以下四点：

（1）尊重受众

广告不能以居高临下的口吻与其意图接触的人们交流。

（2）表现手法必须干净、直接

伯恩巴克说:“假如你不能把你所要告诉消费者的内容浓缩成单一的目的,单一的主题,你的广告就不具有创新性。”

(3)广告作品必须出众

它们必须具有自己的个性和风格。他说:“我认为广告最重要的东西就是要有独创性(original)和新奇性(fresh)。你知不知道广告有85%是没人看的? …… 所以我们关注的最重要的事情就是要新奇,要有独创性,这样广告才有力量和今日世界上一切惊天动地的新闻事件以及一切暴乱竞争。因为你虽然能够把一切事情都放在广告里面,可是如果没有人被迫停下来去听你的,那就白费了。”

(4)不要忽视幽默的作用

幽默可以有效地吸引人的注意力,使人得到一种收听、收看和阅读的补偿。

伯恩巴克实施重心法的著名广告创意之一,就是他早年为大众金龟车做的系列广告。当金龟车首次进入美国市场时,它面临四个劣势:又小、又丑、后引擎驱动,而且还是外国造。但伯恩巴克利用这些不利条件创作出了幽默又别致的广告,这些广告被认为是永恒的创意经典。

1958年以前,在美国几乎所有的轿车广告都是千篇一律,经常可以看到的画面是:在一座富丽堂皇的庭院前,一群衣冠楚楚的家庭成员,簇拥在一辆高贵豪华的轿车旁。这样的画面看起来赏心悦目,标题和文案也是词藻华丽,但感觉起来却空洞而没有意义。

1960年出现了伯恩巴克创作的金龟车广告,它抛弃传统的以豪华设施、漂亮外形、高贵气质作为轿车的诉求方式。金龟车的系列广告通常在画面上只是单纯的金龟车,未经修饰也不修正,通常是黑白两色,最重要的是像“想想小的好处(Think small)”这样的标题和文案却创造了视阅(听)率最高的纪录。单纯简洁的画面却蕴含着无限的说服力,广告非常有效。当初金龟车刚进入美国市场时,底特律的汽车业者对之不屑一顾,认为它又丑又小难以成大器。然而,在伯恩巴克的精心创意下,金龟车让人刮目相看,金龟车不讳言其丑,但在广告表现上,却能以幽默比喻的方式,化弱点为优点,使消费者认知了其性能好、经济、省油的特点。

◆ 柠檬篇

标题为《柠檬》(Lemon)的金龟车广告最为脍炙人口。“柠檬”为俚语,意思是指不合格而被剔除的车子,但画面上出现的车子却看不出任何瑕疵。文案写道:“这部车子没有赶上装船,因为某个零件要更换。你可能不会发现,但是我们的品管人员却能检查出来。在工厂里有3,389人只负责一件事,就是在金龟车生产的每一过程严格检验。每天生产线上有3,000个员工,而我们的品管人员却超过生产人员。任何减震器都要测试,任何雨刷都要检查……最后的检验更是慎乎其事。每部车经过189个检查点,在刹车检查中50辆车就会有一辆不合格。因此,我们剔除柠檬,而你得到好车。”

◆ 蛋壳篇

标题为《有些外型很难改良》(Some shapes are hard to improve on)的广告中,文案写道:“问任何一只母鸡都知道,你实在无法设计出比鸡蛋更具功能的外型,对金龟车来说也是如此。别以为我们没有试过(事实上金龟车改变将近3,000次),但是我们不能改变基本的外观设计,就像蛋形是它内容物最合适的包装,因此,内部才是我们改变的地方。如加强马力而不耗油,一档增加齿轮同步器,改善暖气,诸如此类的事。结果我们的车体可容纳四个大人和他们的行李。一加仑汽油可跑大约32英里,一组轮胎可跑4万英里。当然,我们也在外型上做了一些改变,如按钮门把,这一点就强过鸡蛋。”

◆ 遗嘱篇

这是一则电视广告,一开始,画面上出现了一溜黑色的豪华轿车缓缓地向前行进,画外音说:“我,麦氏·伊·史诺伯利,以健康的身体和心智特此宣布遗嘱如下:”镜头摇至坐在车中的一个贵妇人。画外音继续:“我的太太罗丝,花钱无度好像没有明天,我留给她一百块钱和一份月历。”接着镜头摇到后面一部劳斯莱斯轿车,车内坐着戴墨镜和戴眼镜的两位年轻人,画外音说:“我的儿子罗德尼和维克多,他们把我过去给他们的钱,在漂亮车子和各种女人身上花得一干二净,我留给他们50元的铜板一堆。”紧接着的画面是后面的一辆卡迪拉克轿车,车内坐着一个西装笔挺的老头左拥右抱着两个漂亮女人,画外音说道:“我的事业伙伴朱勒斯,他的座右铭是花、花、花,我留给他的是零、零、零。”镜头转向行进中的车队,“至于我的朋友和亲戚,他们也从来不了解一块钱的价值所在,我留给他们一块钱。”紧接着的画面是车队最后的一部金龟车,车内一个年轻人悲伤地拿手帕擦着眼泪,画外音说:“我侄子哈洛,他常说:‘省一分钱就是赚一分钱’,他也常说:‘嘿,麦氏叔叔,拥有一部金龟车真划算’。我留给他我所有一千亿的财产。”最后的画面仍然是长长的车队缓缓地向前行进。这支广告影片以一个亿万富豪出殡的车队中,每个送殡者回味其生前遗嘱的情形,由幽默的画外音表达出这位富豪对每个人的评价和其克俭的个性,把对金龟车的赞誉巧妙地带出来,看似漫不经心,但却一语中的。

伯恩巴克为奥尔巴克(Ohrbach's)百货公司制作的广告,改变了奥尔巴克百货公司是一个廉价服装店的形象。他用一种全新的方式对奥尔巴克百货公司进行了形象包装。其中一则广告的画面是一个兴高彩烈的男人腋下夹着一个女人,标题是:“慷慨的旧货换新”,副标题是:“带来您的太太,只要几块钱,……我们将给你一位全新的女人”。在另一则广告里,画面上赫然是一位猫女士,标题是:“我发现了琼的底细”,画面上的“猫女士”告诉人们它的朋友琼是如何使自己衣着考究入时的,到奥尔巴克百货公司购买低价但品位高的时装就是她的秘密。伯恩巴克为奥尔巴克百货公司设计的口号是:“做千百万的生意,赚几分钱的利润。”伯恩巴克的广告总是新奇、简洁,并具有幽默感。

伯恩巴克为许多在业界排行第二的零售、服务和汽车等行业成功地制作了广告,这些广告作品也集中地反映出了他独创、新奇的创作风格。他能巧妙地把老二的身份变成一种优势。比如艾维斯(Avis)是一家汽车租赁公司,在业内排名第二。在当时,还没有人看到过类似艾维斯这样声称自己甘心处于第二的广告。广告是这样开头的:“艾维斯在租车业中仅排名第二。那为何还与我们同行?答案是因为我们做得更努力,(当你不是最大时,你就必须如此。)我们不会提供肮脏的烟灰缸,或者不满的油箱,或者破旧的雨刷,或者没气的轮胎,或者没有清洗的车子,或者任何像无法调整的座椅、不热的暖气、无法除雾的除雾器等此类事情。很明显,我们如此卖力就是力求最好,为了给你提供一部新车,像神气活现、马力十足的福特汽车和一个愉快的微笑。……下次我们同行,我们的柜台排队的人比较少(意味着不会让你久候)。”

在广告史上,从来不曾出现过这样的广告,把公司在业界位居第二转化为一种优势和卖点,伯恩巴克的这则广告可以说是第一个。广告一遍又一遍地重复着“当你处于第二位时,你就必须努力,否则的话……我们就会被吞并”。伯恩巴克这个别致的点子,使这则广告在一夜之间成为全国的热门话题,而“我们做得更努力”也成为人们的口头禅。不到两年,艾维斯的市场份额就增加了28%。

伯恩巴克为艾维斯所作的另一则广告,标题干脆就叫“老二主义:艾维斯宣言”。文案内容写道:“我们在租车业,面对业界巨人只能做个老二。最重要的,我们必须学会如何生存。在挣扎中,我们也学会在这个世界里做老大和老二有什么基本不同。做老大的态度是‘不要做错事,不要犯错,那就对了’。做老二的态度却是‘做对事情,找寻新方法,比别人更努力’。老二主义是艾维斯的教条,它很管用。艾维斯的顾客租到的车子都是干净、崭新的。雨刷完好,烟盒干净,油箱加满,而且艾维斯各处的服务小姐都是笑容可掬。结果艾维斯本身就扭亏为盈了。艾维斯并没有发明老二主义,任何人都可以使用它,全世界的老二们,努力吧!”

4. 大卫·奥格威(David Ogilvy)的品牌形象论和市场调查引导法

大卫·奥格威是在英国出生的美国人,早年在法国曾做过厨师,当过灶具推销员,在盖洛普博士手下从事过调查研究,当过农夫,"二战"期间做过情报工作。1949年,大卫·奥格威(David Ogilvy)在纽约麦迪逊大道(Madison Avenue)开办了自己的广告公司。他秉承了霍普金斯的科学证言派和卢比肯的社会形象传统,认为人们购买产品,不是因为产品本身,而是因为他们把这一产品与某种特殊的形象联系了起来。关于品牌形象,奥格威认为,任何产品的品牌形象都可以依靠广告建立起来,品牌形象并不是产品固有的,而是消费者联系产品的质量、价格、服务、历史等,在外界因素的诱导、辅助下生成的。他认为,产品的每则广告都应该对品牌形象这个复合象征物有所贡献,那些致力于使自己的广告为自己的品牌树立最出众品质的生产厂家,将会以最高利润获得市场的最大份额。

奥格威和李奥·贝纳一样都是很有理论建树的广告大师,他对广告作用的认识非常明确:"广告的目的就是为了销售,否则就不是做广告。"奥格威曾做过市场调查工作,因此十分重视调查研究。他说:"我对什么事物能构成好的文案的构想,几乎全部从调查研究得来而非个人主见。"奥格威在进行广告创作时,首先通过调查来发现市场难题,找出广告应该解决的问题是什么。他在为劳斯莱斯汽车做广告时,花了三个星期的时间进行调查研究,他研究该车的性能,走访用户和厂家,并且到加油站和汽车维修站做访谈,在上述一系列调查研究的基础上,奥格威才创作出了那个名垂广告史的经典广告。

该广告的标题是"这辆新型劳斯莱斯在时速60英里时,最大的噪声来自车内那个电子钟"。一辆豪华的劳斯莱斯轿车被放置在一个高贵的场景中,人物均为上流社会的达官显贵,更加突出了车的身份与地位。这则广告完全显示了奥格威式的广告风格:漂亮的画面,长长的标题,直截了当又不张扬的文案,视觉与文字效果突出了品牌的整体形象。

但市场调查只是引导创意产生的一条途径,并不能完全代替创意的产生。奥格威自己也说:"就算你不停地做家庭作业(指调查研究之类的工作。本书作者注),除非你能想出好点子,不然,名利对你来说,仍然是遥不可及。"由此可见,奥格威对创意极其重视,他说:"要吸引消费者的注意,同时要他们来买你的产品,非要有好的点子不可。除非你的广告有很好的点子,不然它就像很快被黑夜吞噬的船只。"

奥格威最成功的创意之一,是1955年为海赛威(Hathaway)衬衫所做的广告。身着海赛威衬衫的男人用黑眼罩蒙上了一只眼，他在一系列广告中出现，或是在绘画或在吹双簧管。奥格威用故事场景，渲染这个戴眼罩充满自信的先生是一位贵族。在其后的四年里，海赛威衬衫广告只刊登在《纽约客》杂志上，杂志的高品位也为产品平添了几分尊贵之气。海赛威广告在刊出不久，就在全国引起了轰动，人们都想知道那位衣着入时的贵族接下来又会做什么，海赛威衬衫的销量也因此猛增。这时，顾客所买的不是一件衬衫，而是一种形象。

尽管李奥·贝纳、大卫·奥格威和威廉·伯恩巴克对广告的理解看起来很不同，但是他们的着眼点却是相同的。无论是贝纳的固有刺激法，奥格威的市场调查引导法，还是伯恩巴克的实施重心法，都可以归结为一点：产品才是广告创意的中心。

大卫·奥格威是四位广告大师中最晚去世的一位（1996年以86岁高龄辞世），他生前接触了现代广告，因此他对广告的一些真知灼见，至今对我们仍有借鉴参考价值，这里特把他的一些关于广告和广告创作的名言警句辑录如下，并在其后把电通公司创始人吉田秀雄为电通公司制定的电通鬼才十则列出，希望诸位在培养自己的广告人素质，磨炼自己的意志品质时，能有所帮助，并以此结束看起来离广告摄制越来越远的论述。

奥格威的忠告

(1)绝对不要制作不愿让自己的太太、儿子看到的广告。

(2)一般家庭每天接触为数众多的广告，这些广告都试图引起消费者的注意，竞争越来越激烈。如果想让观众倾听广告者的心声，则其心声必须别具一格。

(3)广告是推销的技术，不是抚慰，不是纯美术，不是文学，不要自我陶醉，不要热衷于评奖，推销是真刀真枪的工作。

(4)绝不能忘记你是在花广告主的钞票，不要埋怨广告创作的艰难。广告是广告主的生产成本。

(5)不要浅尝辄止。

(6)时时掌握主动，不要让广告主支使才去做，要用出其不意的神技让他们惊讶。

(7)一旦决定广告活动的实施，要单刀直入地进行，拼命猛干。

(8)不要随便攻击其他的电视广告。

(9)每一个广告，都是商品印象的长期投资，丝毫不允许有亵渎印象的行为。

(10)说什么比如何说更重要，诉求内容比诉求技艺更为重要。

(11)如果广告活动不是由伟大的创意构成,那么它不过是二流品而已。

(12)堂堂正正地、明确地传达商品的功用,寻找商品最大功用是广告作业中最大的使命。

(13)商品名称必须一目了然,许多广告在识别商品名称上所作的努力还不够充分。

(14)广告必须富有魅力,我们不会向态度恶劣的推销员购买商品。

(15)消费者不是脓包,你的太太儿子就是消费者,你不能有侮辱他们的良知的地方。

(16)广告必须紧凑而不失时效,消费者都渴望比你年轻。

(17)不要以为广告是购买行为的唯一决定要素,广告不过是激起购买欲望而已。

(18)所有的广告,必须有消费者所付出时间与注目的回报,要提供某种报酬、消息、利益或服务。

(19)所谓委员会,只会批评广告,不会创作广告。

(20)你如果很幸运地创造了成功的广告,你就要重复地把它实施。任何伟大的活动,总是历久不衰的。

(21)广告不是一种娱乐或艺术,它是资讯的传播手段。当我写一则广告时,我不希望你觉得它很有创意,我倒希望你觉得它很有意义而去购买那种产品。

电通鬼才十则

(1)工作要靠自己寻找,而不应靠别人的施舍。

(2)假如自己不努力去干,是搞不好工作的。

(3)工作要有意义。干那些无谓的小事,无疑是对自己的污辱。

(4)要干那些复杂、难办的工作。只有这样才能使你获得长进。

(5)工作一旦干起来就绝不停止。在没有达到目的之前,无论遇到什么困难都不撒手。

(6)工作要由你来支配。支配与被支配,经过一个长时期的磨练将会形成天壤之别。

(7)工作要有计划,只要有一个长期规划,再加上坚强的意志、灵活的创造性以及正确地运用策略,希望必将随之而生。

(8)要有坚定的信心。没有信心,你在工作中就会缺乏魄力、韧性,甚至缺少对工作的荣誉感。

(9)经常保持清醒的头脑。留神观察各方面的情况,不允许有丝毫的松懈,这才是真正意义上的服务。

(10)不要害怕与别人发生摩擦,摩擦是促进你成长的有利因素。否则,你将永远不会成熟。

复习题

1. 谈谈你对广告创意的理解。

2. 什么是优秀的广告创意?

3. 请列举出10种影视广告的表现手法。

第五章 电视媒体的特征①

进入21世纪之后,影像媒介发生了前所未有的数字革命。从网络到通信媒体,影像传播成为了现实。对影像的再现有两种不同方式,即电视是通过电波来再现,而胶片是通过化学处理的方式再现影像。下面我们就来简要地研究一下电视这个通过电波传送、利用光学原理进行再现的媒体的影像画面特征。

一、电视的特性

1.活动的视觉媒体

电影是以胶片作为载体,话剧以人本身作为载体,而电视则以电波作为载体,它们各以其独有的魅力不断给我们带来新的冲击力和感染力,这种冲击力和感染力随着时代的变迁而不断地延续着。以上这些媒体有一个共同之处,那就是可活动。其中电视与电影作为一种再现生活的艺术,都要使用机器(摄像机和摄影机)来拍摄。但是电视属于显像管媒体,其科学画面多少会对现实有一些美化,所以在影像的真实性方面不如电影。

电视由于与观众的生活最为贴近,所以比电影更具有现实性与时效性,而且更加直接地介入人们的生活。如果要看电影,人们要找出时间去电影院专心观看,但看电视则是日常生活的一种伴随行为,是在自己的家里和家人一起观看,无须专门找时间。看电视还会受到聊天、电话等一些干扰,不会像看电影那样专注。所以,在电视上播放用胶片拍摄的电影,其效果与电影院相比大打折扣。

电视与话剧也不同。话剧必须要在专门的剧场观看,而电视,如上面所说可以随时随地自由观看。话剧可以把观众和舞台上的演员联系在一起,使其通过内心的交流来产生共鸣,而且演员可以根据台下观众的反应对自己的表演适时进行调整,话剧的这种参与感和互动性是电视所不具备的。

---

① 本章编译自(韩)尹锡泰著:《影视广告制作》,韩国放送广告公社出版社,2005年第一版。

但是,话剧是观众在现场直接观看,所以不能像电视那样进行多种景别的变化,也不能像电视那样制造出特殊视觉效果的画面。

2. 电视的空间

我们人类有一种心理习惯,就是期待在静止的空间里产生某种变化。比如,使宁静的水面荡起波纹,在黑暗的夜空中寻找闪烁的星星,这都是人类追求变化的心理特性使然。所以说,在一个静止的、看不见任何东西的空间里期待某种影像的出现,并且就此展开自己一系列的想象,是很正常的心理现象。在生理层面,人们眼睛所看到的一定空间是以画格的形式呈现,这样,人的视觉就会把夜空或者无限广阔的空间限定在一个画格里。

一般来说,由于人眼球的特性,人们会把空间设定为长方形或正方形,但不管是什么形状,重要的是人眼会自觉地裁剪出一个平面,并在那个平面里确认影像的存在。也就是说,对空间进行画格化(Framing)处理,是人类与生俱来的视觉本能。

进入20世纪后半叶,人们开始对速度更加关注,研发出更快的汽车和超音速飞行体。在图5-1中,从正方形延展成长方形意味着速度的变化,而圆形则给人以紧张感。

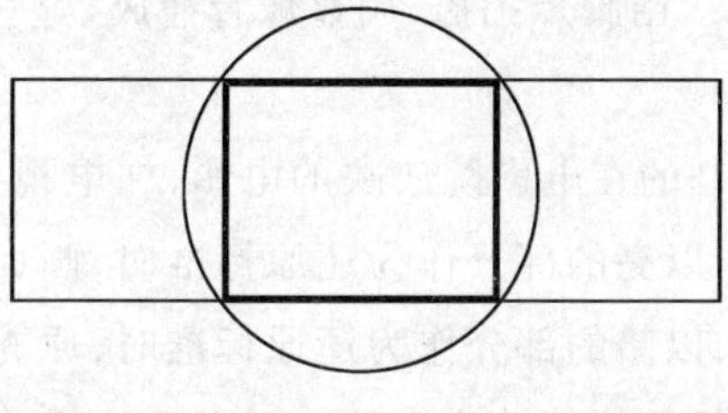

图5-1

美国的心理学家在研究速度与危险之间的关系时指出,在圆形与四边形相交时,自然形成4:3的画格。人们的视线更多地集中在4:3的结构里,而这正好就是形成电视画面的区域。

但是,这种4:3的电视画面并不是很好看的画面,最理想、最稳定、最具美感的比例是黄金分割1.618:1。电视画面,其实已经不是现实场景的真实再现,而是经过变化之后,以相对固定的比例存在的一种画面形式。所以,电视画面中的物体向任何方向进行运动都是可以接受的。

电视的影像就是这样产生的。无论拍摄时的场面是多么宏大,它在电视上播映时,实际只是一个面积很小的平面画面。在一个固定的空间里,表现人物或产品形态、质感或者重量、明暗、色彩以及物体的运动,这是电视所独有的影像特点。

在一个看似什么都没有的平面空间里,却存在着无形的力学与心理学的平衡。当这个平面空间里出现某种影像时,力与美的平衡就会被打破,而形成一个运动与张力兼具的电视的独特空间。

电视的画面相对来说影像较小,冲击力和感染力较低,所以对电视影像来说,就需要在制作时反复推敲,以求达到最佳的效果。

3. 电视显像管和电影银幕

前面说过,影像画面的再现有两种方式,即通过化学处理再现的方式——胶片影像,通过光波再现的方式——显像管影像。LCD 和 PDP 是通过电波再现影像,但基本上也属于光学影像的范畴,所以其媒体特点和电视基本相同,其影像语法规则也基本相同。

过去,我们所说的影像领域,只限于用胶片拍摄出来的作品在电影院放映,但如今的影像领域,随着各种利用光学原理再现影像的媒体不断出现,电影银幕以外的影像市场也越来越庞大。由于在制作水准和难度上,还没有哪一种新媒体可以超过胶片,所以对影视广告来说,"用胶片拍摄,用显像管播放"这一制作和播映形式在相当长的一段时期里不会消失。

一般来说,用胶片摄制的在电影院放映的电影,在电视上播放时,电视显像管所能还原的范围是有限的。以亮的部分作为还原标准时,画面中原先比较暗的部分就不能得以充分表现;反之,以暗的部分作为还原标准时,原先比较亮的部分就不会呈现原来的效果,这是由显像管的特性决定的。

二、电视影像构成要素

为了制作出漂亮的电视画面,就要运用电影中不常使用的一些特殊方法。电视影像主要由静态画面与动态画面剪辑而成,两者不断的变换过程构成了一段又一段连续的电视画面。静态画面使用绘画式的语言,而动态画面则是通过强烈的运动,来表现动感。在电视中,为了使人们能够注意静态的构图,就必须适当地插入动态画面。所以,电视的画面总是不断重复着由静向动、再由动向静的转换过程。

电视画面是相对比较小的一个画面，而通过这样一个小的画面来吸引观众的注意力，是电视媒体始终所要追求的目标。

在日常生活中，人们总是想迅速、准确地看清楚某个物体，为了适应人们的这种心理需求，电视影像的表现手法中，特写镜头是必不可少的。所以，电视也被称作是“特写艺术”的媒体。

1. 电视画面构成基础

(1) 点

点是存在于空间内的一个明确的统一体，也是形成一个新世界的最基本元素。一个静态的点是人们所能看到的最简洁的画面，是所有画面的基础。点存在于某一位置，并且不可分割。见图 5－2。

图 5－2

(2) 线

当点向一个特定方向运动时，就形成线。运动时所承受的力量如果持续不变，就会形成直线；而随着渐渐变化的力量运动时，则会形成曲线。见图 5－3。

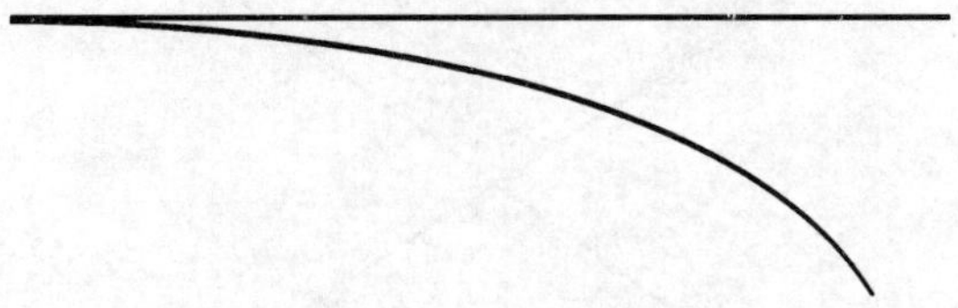

图 5－3

水平线是最简单的直线形式，不管是站或者坐，是放下物体或者休息，都是最安全、最稳定的线之一。但是在电视上，如果过多地使用直线，就会显得单调乏味。见图 5－4。

图 5－4

垂直线给人一种物体上升或下降时可以感觉到的高度紧张感,蕴含着无限运动的元素,可以表现一种精神上的愿望或者神圣感,属于暖调性。见图 5-5。

图 5-5

对角线是由水平线与垂直线交叉而成,是冷调与暖调的结合,不仅能够很好地维持平衡,而且表现出无限的活力,是最适合显像管特性的一种线。它可以通过表现力量、活动、斗争等一些动态性的变化来吸引注意,在这些方面它具有非常强的表现力。见图 5-6。

图 5-6

(3)面

面是线的运动轨迹,是由直线上下左右活动而形成的基础平面,面有四个边。四个边各有自己的特性,冷调与暖调交融,不仅很好地维持着平衡,而且能和谐地表现张力、庄严和稳定。见图 5-7。

图 5－7

2. 画面四边的特征

画面由四个边构成，把它分为上下左右的话，可以看出以下几个特征。见图 5－8。

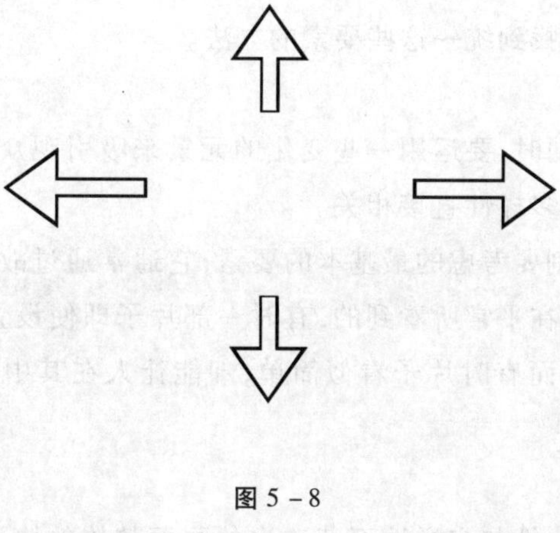

图 5－8

(1) 画面的上半部和下半部

上半部给人一种愉快、广阔的感觉和解脱感，越往上愉悦的感觉越强烈。这个感觉来自人们长期适应地球引力而形成的生理习惯。相反，下半部虽然稳定性最好，但却伴随着比较沉重的束缚感。

(2) 画面的左侧和右侧

左侧给人一种轻快、解脱的感觉。这是人们视觉通常最先注意的部分，是不管什么样的姿势都会引人注视的区域。右侧与左侧相比，给人一种较为沉重且阴沉的感觉。

总之，如果要表现解脱感上半部最好，而表现稳定感下半部最适宜。左侧与上半部有很多相似之处,而右侧则与画面的下半部非常类似。单就左右两侧来说,右侧要比左侧抵触感更加强烈。

3. 电视画面的构成原则

电视画面本身很小,怎么能够使小画面看上去大一点,就成为画面构成的最基本原则。为了使静态、固定的电视画框来吸引观众,镜头的运动、画面的剪辑和故事情节的设置都是非常重要的。不仅每一个镜头都要精心拍摄,而且为了满足观众需求,必须要了解电视独有的影像构成法则并灵活地运用它们。

(1)统一

电视画面自始至终都要保持一种统一性。不管故事情节有多复杂,都要跟着主要情节线发展,使故事、形体、线、质感都融为一体。即使是非常简单的影像,也需要一个把它们连接在一起的元素。如果要加入一些奇特的内容,或者是注入一些复杂的元素,那就必须要寻找到统一这些要素的方法。

(2)变化

画面保持统一的同时,要运用一些变化的元素来吸引观众。变化是吸引观众的一个很好的办法,它与多样性直接相关。

多样性是时时刻刻要考虑的最基本的要素,它通常通过故事、顺序、镜头来表现出来。但是,正如我们在平常所看到的,有时一部片子即使设置了很多故事情节,也会让人感觉单调乏味;而有时片子看似简单,却能让人在其中感受到无穷变化的美妙。

(3)协调

协调是指调和统一性与多样性而营造出的画面整体的协调感。画面的强弱、明暗、动态与静态搭配而成的美妙结合,是使观众不知不觉地沉浸在画面之中的重要因素。

(4)平衡与比例

人们有一种基本的心理需求,就是要寻求平衡。因此画面及整部作品都要有平衡感。画面要通过线、形体、质感、量感以及运动方向等元素保持一定的平衡。特别是运动,它是由方向和速度决定的,要根据具体情况,适当分配运动镜头在片子中的比例。

(5)节奏

不仅音乐有节奏,画面也有它的节奏。画面的节奏通过景别、拍摄角度、运动方向的变化以及剪辑来获得。节奏慢并不代表观众对画面的理解程度会增加，而节奏快也不意味着观众的理解程度会降低。

(6)突出重点

平衡与突出重点之间有着密切的联系，重点是在维持平衡的过程中突出出来的。重点就是我们要强调的部分，通常位于画面的中央。人的眼睛对画面中央的物体有着可以瞬间进行判断和分析的能力。在这一位置表现产品时，人们会在观察周围背景和色调的同时，正确获得要重点强调的产品信息。要突出重点，每一个画面的设计当然都很重要，但事先对整部作品中要强调和突出哪些部分进行精确的计算和处理是不容忽视的工作。

(7)简单

一个画面中同时出现过多的元素，或者场景剪接过于频繁，都可能给人以复杂的感觉。所以，要把重要的元素筛选出来，使其简单化。这里所说的简单化不仅指对一个场景的简化处理，也包括整个故事的简单化。

为了使观众更加容易理解，就要把一些不必要的画面果断地删除掉。为了营造华丽的氛围而使用过多的道具、复杂的背景以及多种不同的色彩，反而会导致相反的结果。因为，这些不必要的元素会妨碍观众对主要信息的注意。

(8)剪辑

影视艺术与其他艺术的不同之处在于它是画面剪辑的艺术。影视艺术把包含着很多不同元素的镜头画面剪辑到一起，以一个整体的形象表现出来。不管是多么好的故事，只要剪辑得不好，就很难达到预期的效果。一个原本是非常连贯的故事，有可能会因为剪辑而变得很平庸，相反，也有可能因为剪辑得好而变得更加出色。通常左右一部作品命运的技巧也就在于此。

4. 关于运动方向的分析

(1)从左上向右下运动

给人一种轻快、抒情的感觉，适合表现化妆品、服装等产品。这个运动方向不太适合用来表现速度感，它更适合描述翩翩起舞与柔和的动作。见图 5－9。

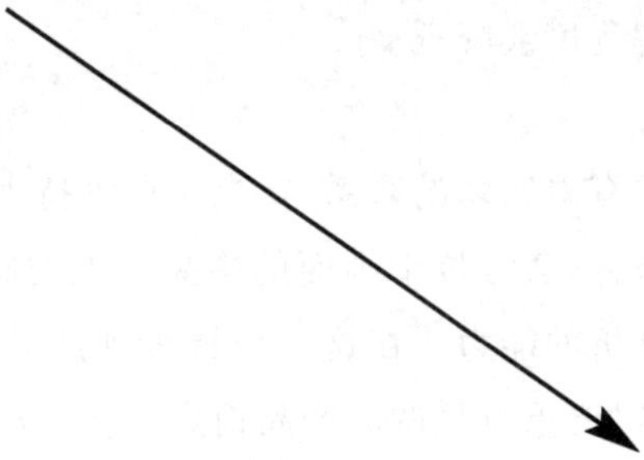

图 5 - 9

(2) 从右上向左下运动

这是充满动感与速度感的运动线路，适合表现像汽车等具有足够重量感与质感的产品。见图 5 - 10。

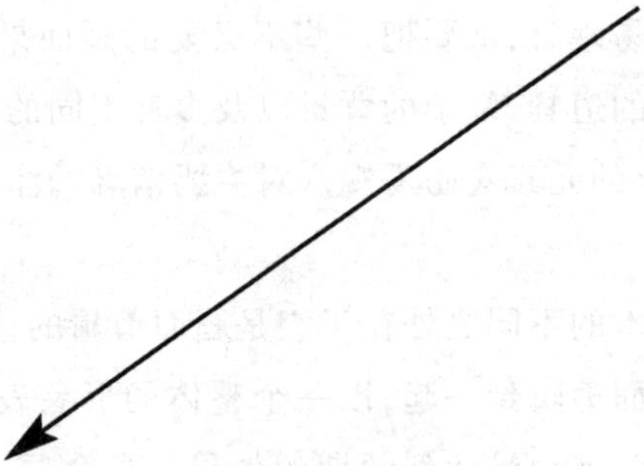

图 5 - 10

(3) 从左下向右上运动

这个运动线路不适合表现产品运动开始时的状态，但适合在运动中间表现美丽抒情情调的构图中使用。见图 5 - 11。

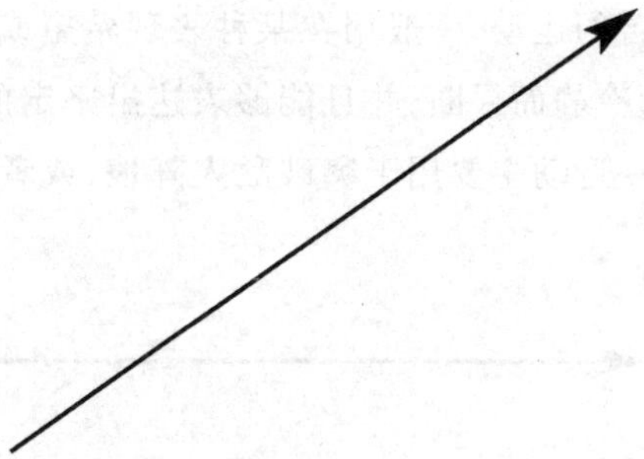

图 5－11

(4) 从右下向左上运动

这一运动的性质刺激而且阴郁，所以给人一种不愉快、抗拒的感觉。但为了保持画面平衡而时常使用这种运动方式。见图 5－12。

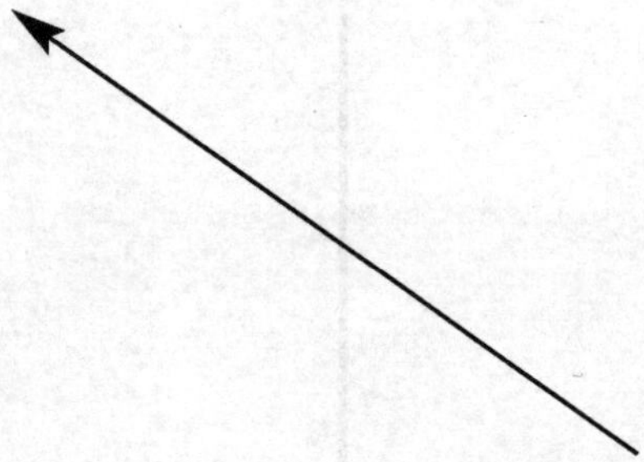

图 5－12

(5) 从左向右运动

这种运动线路符合人类自然的视觉规律，就如同溪水自然流淌一样，这是最经常使用的运动方式，一般用于表现休闲时的舒适轻松。见图 5－13。

图 5－13

(6)从右向左运动

这是反休闲而且痛苦的运动,一般用在某种表现希望或者愿望的构图里。与从左向右运动相比,它更为冷静而果断,并且能够表达出坚定的意向,所以可以更好地吸引观众的注意力。这一运动主要用于突破敌人阵地,或者表现某种强烈愿望的构图中。见图5 - 14。

图 5 - 14

(7)从下向上运动

这种运动非常有力量、具有男子汉的雄性色彩,给人一种稳定感,而且动感十足。见图 5 - 15。

图 5 - 15

(8)从上向下运动

作为降落型的不稳定运动,可以产生一种冲击的效果。瞬间降落之后,必须要马上让观众感到放心,也就是说要有后续的运动。选择这种运动时,要选择合适的时间。见图 5 - 16。

图 5－16

(9)从右上向左下的曲线

这种曲线具有一定的戏剧性,赋予产品一种轻快的情调与旋律。曲线不仅让人感觉到一种丰富的含义,而且富有抒情的魅力。见图 5－17。

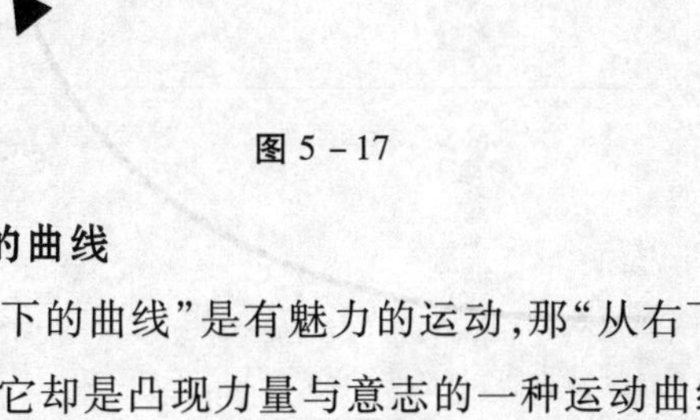

图 5－17

(10)从右下向左上的曲线

如果说“从右上到左下的曲线”是有魅力的运动,那“从右下到左上的曲线”则伴随着一种忧郁的情绪,但它却是凸现力量与意志的一种运动曲线。见图 5－18。

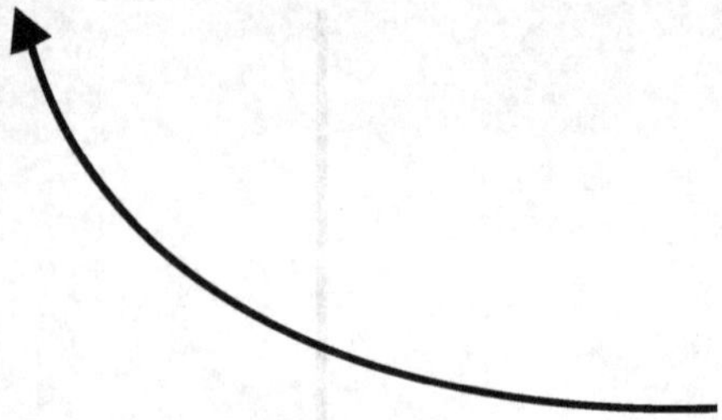

图 5 - 18

(11)从左上向右下的曲线

这种曲线通常都会给人一种比较阴郁灰暗的感觉,虽然也会有例外,由于整体氛围像是往黑暗中坠落,所以广告中不常使用这种构图形式。见图 5 - 19。

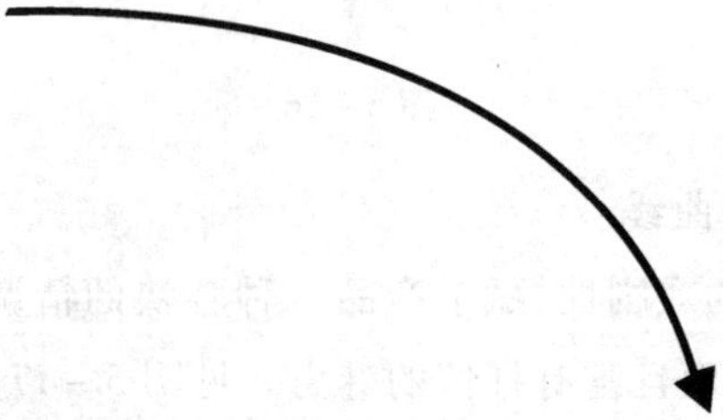

图 5 - 19

(12)从左下向右上的曲线

这种曲线给人轻快地浮起来的感觉,是一种轻盈、愉快的运动曲线。见图 5 - 20。

图 5 - 20

5. 产品出现的位置

一般来说，产品要出现在画面的左上角或者右上角，上角明快轻盈，而下角则沉重灰暗，这是由人的视觉本能和心理决定的。

电视画面通过强、弱、明、暗的交错来保持平衡，以画面的中央为中心，把画面分成四个部分。而产品怎么在这四个不同的角落出现，要根据产品本身的特性来选择。观众能否愉快地欣赏广告，就取决于摄像如何去调节为表现产品所营造的氛围和镜头的运动方向。见图5－21。

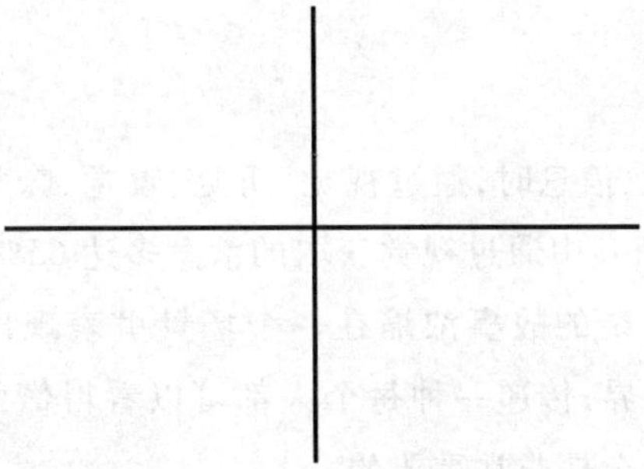

图 5－21

(1)左上角

这是最令人愉快的一角，在这个位置出现的产品，观众能够最自然地接受。适合表现化妆品、药品、饼干类、首饰、服装、小型家电、钟表、相机等产品。

(2)右上角

这个角落给人一种力量感，适合表现汽车、卡车、火车、飞机等具有一定速度感的交通工具。

(3)左下角

虽然比较稳定，但震撼力不足，给人一种柔弱的感觉。如果没有后续的画面，就最好不要选择这个角落。

(4)右下角

这是最阴沉、最忧郁的角落，不适合表现产品。越贴近右下角，就越给人一种沉郁的感觉。但产品的商标常在这个角落出现。

三、影视广告的四大要素

影视广告的四大要素是图像、文案、声音和时间。和电影一样，影视广告也是由几个相辅相成的元素构成的视听作品。但影视广告与电影有一个本质上的差异，就是影视广告所要表现的主题永远是产品。换句话说，产品是影视广告永远的主角。

每个产品都有它的形态、颜色、明暗度、质感、重量、品质以及价格。影视广告是要把这些元素结合在一起，向观众传达产品形象。产品信息要通过广告片来完成一个完美的传播，就必须运用图像、文案、声音、时间这几个要素。

1. 图像

我们人类从外部获取信息时，通过视觉、听觉、嗅觉、味觉、触觉等五种感觉获得的信息占到90%以上，而其中通过视觉获取的信息多达65%。图像可以在瞬间传递大量信息，可以把一个复杂的故事浓缩在一个场景里表现出来。而且，它与语言不同，它可以超越年龄或国界，传递一种每个人都可以看得懂的信息。所以，我们要通过图像讲述什么、表现什么是非常重要的。

在这个影像泛滥的时代，单纯的图像很难给观众传达他们所需要的信息。为了吸引观众的注意力，就需要一种有创意的影视表现手法。

影视作品中所运用的表现手法有很多，如写实场景、主观场景、动画、三维动画、CG等等。如今，随着从模拟到数字时代的转变，图像技术也以惊人的速度在发展。电脑视频处理不再只是单纯的图像技术，它要求我们从根本上改变以往的创意构思模式。

2. 广告文案

在影视广告中，广告文案是绝对重要的元素。因为它作为一种有效的传播手段，在使观众牢牢记住某个广告方面发挥着核心作用。

广告文案不仅是由几个标语似的句子组成的广告口号，也包括篇幅相对较长的文章。文案撰稿人要费心去考虑什么样的语言更悦耳、更容易理解、更容易使观众记住、能够更好地与产品联系起来。

影视广告中包含着三种不同形式的广告文案，即可视的、可听的和看不到的。可视的是以文字的形式出现在画面上的文案；可听的指所有可以通过耳朵听到的文案；

而看不到听不到的是指某一瞬间呼吸停止似的那种感觉，也就是无声的广告文案。

3. 声音

电视要从听觉上给观众带来愉悦，因为观众并不只是对影像专注，吸引他们的最强烈的因素还有声音。“声音”包括音乐和音效。

影视广告中的音乐有几种不同的形式，即使用广告文案创作的广告歌曲、没有歌词用来营造气氛的主题音乐、用产品名称或服务内容制作的标识音乐，以及根据广告主题运用音乐资料制作的背景音乐等。

开启瓶盖的声音、碰杯的声音、烤肉的声音、鸟或动物发出的声音等，都属于音效。音效有很多种形式，既有可以增强真实声音效果的音效，也有为提升影像效果而制作的音效。但是如果过多地使用音效，反而会分散观众对核心内容的注意力，因此，在使用时应有所控制，恰到好处。

4. 时间

平面广告是空间结构型广告，而影视广告则是时间结构型广告。

影视广告的时间长度是有规定的，即使是很优秀的广告，也要在一个有限的时间内表现出来。所以，找出适合在规定的时间里表现的素材和创意，而且有起承转合是至关重要的。影视广告的长度一般是 15 秒或者 30 秒，也有更长的，各个国家的规定会稍有差异。

用适合 15 秒表现的素材制作 30 秒的广告，就会使整个广告的紧凑感降低一半，其观赏性也会大大削弱。相反，把 30 秒的素材压缩在 15 秒之内，观众就不容易理解广告所表现的内容。

复习题

1. 电视媒体有哪些特性？
2. 电视画面的点、线、面各有什么特点？
3. 画面四边的特征有哪些？
4. 电视画面的构成原则是什么？
5. 分析电视画面各种运动方向的属性。
6. 画面的四个角有什么特征？
7. 影视广告的四大要素是什么？

第六章 视听语言——影视广告的创作语言

语言,是信息的载体,是交流的工具,是进行编码和解码等创作活动的手段。

每一种创作样式都有其特定的语言系统,而每一种语言系统的形成、成熟和发展,都是由这种创作样式所使用的媒材决定的。音乐、绘画、雕塑、舞蹈、戏剧、文学等艺术样式,使用的创作媒材不同,它们的创作语言系统也就不一样。作为一种独立的创作样式,它们的语言系统是相对独立的,各有自己的特点和规律。无论是进行创作还是进行欣赏,都要对上述不同样式的语言系统有一定的了解和掌握。否则,人们对各个艺术样式就会像天书一样费解和无趣。很难想象,一个对绘画语言一无所知的人,看到梵高的《向日葵》会产生强烈的艺术震撼;也很难想象,一个没有任何戏曲语言常识的人,会津津有味地坐在剧院里欣赏京剧《西厢记》。

视听语言,是电影、电视也是影视广告创作的特定语言系统,其创作媒材为光波和声波,其主要构成要素是画面和声音。视听语言作为一种独特的创作语言,有其自身的特点和规律,是任何其他语言系统不可替代的。有志于进行影视广告摄制的诸位,必须要对视听语言进行深入地研究和熟练地掌握,否则在这一行当就很难有大的作为。

视听语言是一个庞大而复杂的语言系统,要想学习和最终熟练应用这一系统,要阅读大量的理论著作,解读大量的影片,并尽可能多地进行创作实践。鉴于此,在这一章里,我们只是简要地介绍视听语言的构成要素,在对一些专业术语有所了解的同时,权当为读者进一步学习视听语言起一个引路的作用。

一支广告影片的最终完成,要经历两个阶段,即前期拍摄和后期剪辑,我们对视听语言诸要素的介绍,也围绕着这两个部分进行。

一、前期拍摄

1. 镜头画面

(1)画格与画帧

根据人的视觉感知特点和在胶片(磁带)上成像的特点,要想在银幕(屏幕)上表现出运动来,必须用一连串闪现的静止画面。为此,电影和电视的视觉记录机器就设计成以 1/24 秒(电影)或 1/25 秒(电视)的间歇运动。这样,由于间歇的时间只有人的肉眼觉察不到的 1/48 秒,以及观看者从心理上承认闪现出来的运动的一个个连续阶段为一完整连贯的活动画面,于是就产生了银幕上的运动的幻觉。画格和画帧是视听语言的最小构成单位。

画格:1 秒钟的电影画面是由 24 个画格组成,也就是说,我们在银幕上看到的 1 秒钟的活动影像,实际上是由 24 个静止画面组成的(原理见上段)。画格是摄影机的概念。如今电视广告的前期拍摄,基本上都是先用电影摄影机拍摄,把拍出来的胶片冲洗出来后,再经过胶转磁这一工艺,把电影胶片转成电视磁带,在电视编辑系统中进行剪辑,再经过配音、配乐等工序,完成后期制作后拿到电视台播出。

画帧:1 秒钟的电视画面是由 25 帧画面组成,也就是说 1 秒钟的电视活动影像,实际上是由 25 个静止画面组成。画帧是摄像机的概念。早期的电视广告拍摄,基本上都用电视摄像机拍摄,在电视编辑系统上完成后期制作后,在电视台播出。

对同一条电视广告来说,在它用电影摄影机进行前期拍摄时,它 1 秒钟的画面是由 24 个画格组成的,但经过胶转磁,完成后期剪辑后,它的 1 秒钟画面又成为由 25 个画帧组成。

观众有时在电影院看到的跟片广告,它们的摄制流程有以下两种情况。有的是前期用电影摄影机拍摄,后期剪辑也在电影胶片的剪辑系统中完成,然后在电影院中放映,当然这种制作流程对资金的要求就比较高。另外一种是前期用电影胶片拍摄,后期用电视的编辑系统完成,再进行磁转胶,然后在电影院里放映。还有一种情况,前期拍摄和后期编辑都用电视设备完成后,进行磁转胶,再在电影院里放映。

(2)镜头

它有两个含义:其一是指摄影(像)机上的光学镜头,即由透镜系统组合而成的光学部件;在视听语言中,镜头是一个非常重要的概念,它指摄影(像)机每一次拍摄的画面,即指摄影(像)机每一次从开机到关机所摄取的那一段连续画面。

镜头是视听语言形成的最重要基础,它对视听语言的重要性犹如细胞之于人体。它像文学语言的字和单词一样,几个镜头组合在一起传达一定的信息,形成一个视听“句子”,许多个视听“句子”组接在一起形成一个叙事段落,若干个段落组接在一起成为一部完整的片子。正因为镜头的作用举足轻重,所以在实际操作中对每一个镜头的拍摄都不可掉以轻心,草率应付,否则将会对一部片子的整体效果带来损失。许多有经验的观众常常会说，一部片子看几个镜头就能判断出这是一个好片子或是一部糟片子，因此要摄制一部优秀的影片，每个镜头的拍摄都要精益求精。对电视广告来说，更要如此，因为电视广告的时间短则五秒，长则几十秒或一分钟，时间非常有限，如果其中仅仅一个镜头效果欠佳，就会破坏这支广告的整体效果，这一点广告专业的同学要特别注意。要想拍摄一个出色的广告，每个镜头都要精雕细刻，投入百分之百的努力。

(3)机位

机位是指摄影(像)机与被摄对象的相对位置，被摄对象有可能是人或是物，也可能是某个场面。机位代表未来观众视点所处的位置，选择一个非常合适的机位是导演的基本功之一。在实际拍摄当中，导演和摄影师会对机位事先进行设计，绘出标有摄影机位置的场景平面图，也就是机位图，从机位图上可以看出摄影角度的变化和每个镜头的拍摄范围。

(4)景别

景别是指被摄主体在画面中呈现的范围。景别是一种最重要、最外在的视觉语言形式，它决定观众未来视域的大小。一般分为远景、全景、中景、近景和特写。也有更进一步的划分，比如大远景、大全景、中近景以及大特写等。

景别取决于摄影机与被摄主体之间的距离和所使用的镜头焦距的长短这两个因素。景别的划分并无十分严格的科学概念和理论定义，划分方法有两种：一种以被摄主体(景物)在画面中所占比例的大小为准，凡拍摄主体全貌均为全景，凡拍摄其局部则为中景和近景；另一种以画框截取成年人身体部位多少为标准。在实际拍摄中，一般多采用后一种划分法。

在影片分镜头及拍摄中，确定一个画面选用什么景别，是导演和摄影师重要的创作活动之一。

远景：拍摄出整个的背景、景色和人群等等。这种景别的画面可使观众在银幕上看到广阔深远的景象，以展示人物活动的空间背景或环境氛围，还适宜表现规模宏大的人物活动等。见图6－1。

图6－1 远景

全景：把人物从头到脚都拍进镜头，即拍摄人物的全身。在全景景别里，观众可以看到人物的全身动作及周围部分环境，全景画面具有描述性和客观性。见图6－2。

图6－2 全景

中景：中景的画面一般是取人物大半身，即取人物膝盖以上的部位。这一景别主要表现人物上半身的行为、动作，但在实际拍摄中也考虑环境，此景别更多地用来表现人物半身形体关系，情绪交流，人物与人物关系，是表演场面、叙事场面常常采用的景别。见图6－3。

图6-3　中景

近景：拍摄人物的上半身(腰部以上)，记录下人物内心的反应，更详细地表现人物脸部的表情、肩部的动作和手的动作。见图6-4。

图6-4　近景

特写：通常是指表现人物肩部以上的头像，或者物体某个局部的景别。在特写景别里，往往整个银幕上只有人物的脸部，或者物体的某个局部。导演运用特写景别是要突出表现人物的面部表情、面部特征、动作，以及主要的事物，以吸引观众的注意力。特写镜头主观性很强，带有极大的强迫和暗示作用。视距更近，取景更小的被称为大特写或

细部特写。特写和大特写景别在电视广告中通常被用来展示产品细部，突出产品品牌名称和标识。见图 6－5。

图 6－5　特写

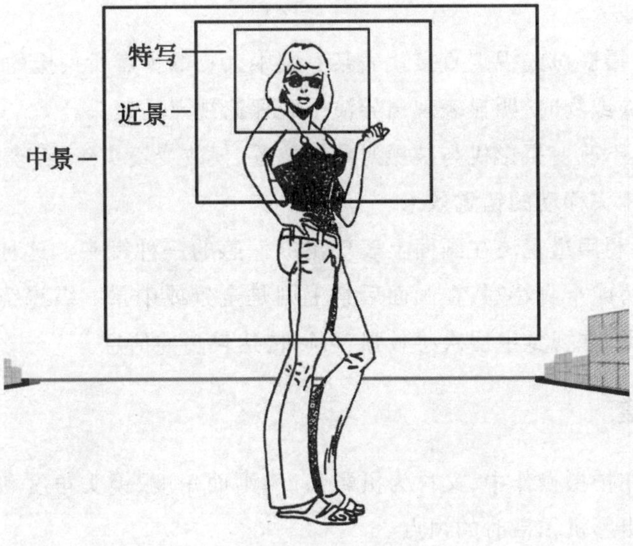

图 6－6　景别示意图

2. 几种镜头形式

以下介绍几种特殊的镜头形式，在实际操作中它们经常使用，能够产生不同的艺术效果。

空镜头：画面中没有人物（往往是指剧中人物）的镜头，也叫景物镜头。是抒发感情意境、阐明思想内容、叙述故事情节的重要手段。它在银幕时空的转换和调节影片节奏等方面也有独特作用。空镜头在影视圈内也被称为“下崽儿”镜头，当影片气氛、情调不足或者时长不够时，把它们加进去，就会产生出其不意的效果。

长镜头：比较长时间的、连续拍摄的镜头。长镜头可以让观众看到一段相对比较长的完整的时空全貌，再现现实事物的自然流程，因而更有真实感，让观众觉得真实可信。实证型广告往往用长镜头拍摄。比如某国外品牌空气清新剂的广告，就是用一个长镜头拍摄完成。画面上先出现一个用布蒙上眼睛的猫，然后一只手入画，把一瓶打开盖子的空气清新剂放在猫的旁边，片刻之后，这只手又入画，把用碟子盛着的一条鱼放在清新剂旁边，这时观众看到，猫对鱼一点反应都没有。然后，空气清新剂被拿走，过了一会儿，蒙着眼睛的猫向那条鱼直扑过去……。这条广告是用一个长镜头拍摄，自始至终镜头没有切换，通过清新剂放入和拿走后猫对鱼的不同“态度”，充分展示了空气清新剂的威力，使观众对该品牌空气清新剂的品质、性能印象深刻，感到真实可信。

主观镜头：摄影机的视点直接代表某一剧中人物的视点所拍摄的镜头；摄影机在表现画面内的人或物时，明显表现出导演主观评论视点的镜头。

变焦镜头：不改变摄影机与被摄对象的位置，仅改变镜头焦距，模拟推、拉的拍摄方法所产生的镜头移动的错觉效果。

纵深镜头：利用透视法在画面上表现出纵深感的一种镜头。这种镜头一般在画面前景有一特写或半身特写，在画面后景上则是全景或中景。纵深镜头在空间上有较强的纵深感觉，在视觉上层次感较强，可以传达较多的信息。

3. 拍摄角度

拍摄角度在拍摄操作中，又称为摄影角度，画面角度，镜头角度和机位高度。理论上又称之为摄影机拍摄时的视点。

拍摄角度最重要的功能是影响画面的构成，它是画面最外在的视觉形式之一，它决定观众以什么样的视点去看画面所表现的主体。

拍摄角度决定三种关系，即距离关系，摄影机与被摄主体的距离；方向关系，摄影机朝哪一个方向去拍摄；高度关系，摄影机在什么样的高度进行拍摄，机位高度不同将显著影响画面的视觉效果。

因此，拍摄角度决定画面情感和心理含义，拍摄角度不同，观众对被摄对象有完全不同的感觉，情绪也会随之变化。拍摄角度带有创作者强烈的感情色彩和心理好恶。

拍摄角度基本上可分为以下四种：

(1)一般角度

一般角度也称为平角度、平拍、平摄。这一角度是将摄影机调置到相当于被摄对象的视平线水平，以一般情况下人观察事物的角度来拍摄。平视效果符合正常人眼的生理特征，能够使画面产生平稳的效果。这是大多数影片最常采用的拍摄角度。见图6-7。

图6-7　一般角度

(2)仰角度

又称"仰拍"。摄影机处于人眼视平线以下的位置，或者低于拍摄对象的位置。仰角度拍摄的画面中，被摄主体(无论是人物和景物)会形成一种高大、强壮的形象或具有力量感、雄伟感。另外由于视点原因，在画面上会形成视线向上汇聚、高耸，从而产生一种压迫感很强的视觉效果。见图6-8。

图6-8　仰角度

(3)俯角度

又称“俯拍”。摄影机处于高于人眼视平线的位置,对被摄对象形成一种俯视关系。俯角度镜头常被用来描述环境特色,有时也用来造成压抑、低沉的气氛,处理群众场面可产生壮观宏伟的气势。见图6－9。

图6－9　俯角度

(4)倾斜角度

使被摄体与视平线形成一定的角度,再改变摄影(像)机的水平位置,便可得到这种倾斜角度的画面。这种角度拍摄的画面可以产生不稳定、惊险、滑稽、不可捉摸等视觉效果。

4.运动镜头

在美国英语中,电影叫做“Movie”,“movie”这一单词与“move”具有相同的词根,而“move”的意思是“活动、移动”。因此,影像的运动、活动是电影区分于其他艺术形式的本质特征,是电影迷人的魅力所在,也是电影之所以成为电影的重要因素。但是,影视中的运动镜头,并不是为了运动而运动。导演和摄影师安排运动镜头都是要达到某一种目的,产生某一种效果,或者是空间的、造型的,或者是技巧的、风格的。

(1)镜头运动的形式

镜头运动有以下四种形式:

①摄影机固定,画面内的被摄体运动;

②画面内的被摄体不动,摄影机运动;

③画面内的被摄体运动,摄影机运动;

④静止。摄影机不动,画面内的被摄体也不运动。因为根据唯物辩证法,静止是

运动的特殊形式。

因此,从广义上讲,影视的每个画面都处于运动状态。但通常意义上我们所说的运动镜头是指②和③这两种运动形式。

(2)运动镜头的类别和功能

如果我们将摄影机的运动形式作为类别划分,则可以分出如下三类运动:

①纵向运动:推镜头、拉镜头、跟镜头。

②横向运动:摇镜头、移镜头。

③垂直运动:升降镜头。

推镜头:简称"推"。

◆ 摄影机沿光轴方向向前移动拍摄。其画面效果表现为同一对象由远至近或从一个对象到另一个对象的变化,使观众有视线前移的感觉,画面所包容的范围越来越小。推镜头可在一个镜头内使观众了解到整体与局部的关系,主体与后景、环境的关系,并可增强画面的逼真性和可信性,使人如身临其境。见图6-10。

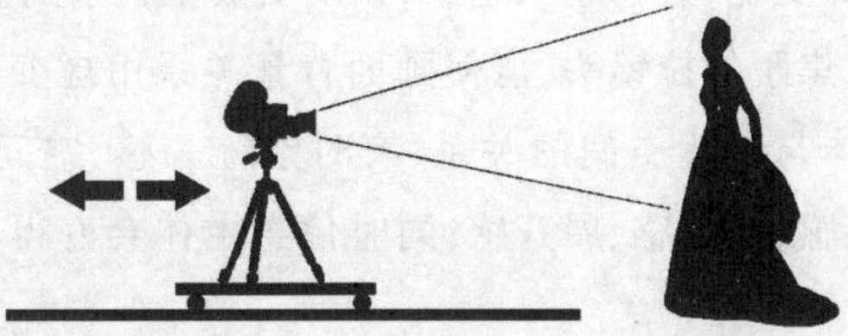

图6-10 推镜头(右方箭头方向)

◆ 不需要摄影机在纵向上向前移动,而是通过采用变焦距镜头,把摄影机的焦距从短焦距逐渐调至长焦距,用这种方法拍摄也有推镜头的效果。在这种推镜头中,被摄体产生由远及近的变化,在画面中逐渐变大,并引导观众的注意力,逐步将视线集中向某一主体,使所要强调的人或物从整个环境中突出出来。变焦距推镜头画面的视觉效果不是整个镜头画面接近主体,而是在视觉上使主体被不断拉到我们的视线前。这种画面在视觉形态上缺少自然感,有很大的主观性和强制性,它可以强调部分与整体的关系。由于光学镜头的关系,会使人物与背景空间产生压缩感,背景会产生虚的变化。

拉镜头:简称"拉",它在技术上与推镜头正好相反。

◆ 摄影机沿光轴方向向后移动拍摄,可使画面产生逐渐远离被摄主体或从一个对象到更多对象的变化。使观众有视点向后移动的感觉,画幅空间越来越大,景别变化十分明显,人物景物越来越小,背景范围越来越大,越来越清楚。拉镜头的特点是渐次扩展观众的视野范围,增强了画面规模,并可在同一镜头内,渐次了解到局部与整体的关系,可以产生悬念、对比、联想等艺术效果。见图 6－11。

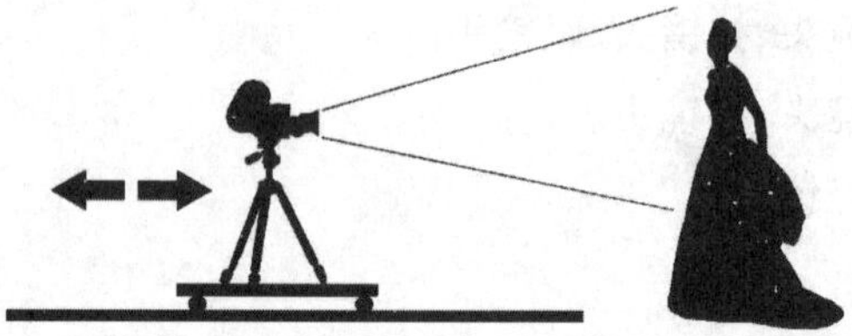

图 6－11　拉镜头(左方箭头方向)

◆ 不需要摄影机在纵向上向后移动,而是通过变焦距镜头,从长焦距逐渐调至短焦距,用这种方法拍摄也有拉镜头的效果。对同一被摄主体而言,采用“拉”的手法,会产生由近及远的变化,人物越来越小,景别变成全景系列。在变化过程中,视线由集中变为分散。变焦距的拉镜头,能使画面背景关系由虚变实。在不切换镜头的情况下,表现被摄主体与环境空间的关系,有时空统一感,空间环境越来越明确、具体。画面有一种交待感、拓宽感、展开感,同时信息主体会变得越来越模糊而趋于多元化。

摇镜头:也称“摇摄”、“摇拍”,简称“摇”。

1896 年法国摄影师狄克逊首创“摇摄”手法。摇镜头主要是指在拍摄一个镜头的过程中,摄影机位置不动,只有机身作上下、左右、旋转等各种运动,改变拍摄的方向和范围,以取得不同的画面效果。摇摄的方向可与被摄体运动的方向相同,也可相背,画面均呈现出动态构图,它逐一展示、逐渐扩展景物,产生巡视环境、展示规模、揭示动态中人物的精神面貌和内心世界,从而产生烘托情绪与气氛等多种艺术效果。摇镜头符合人眼在现实生活中观看运动物体或者欣赏景物时的生理特征。见图 6－12。

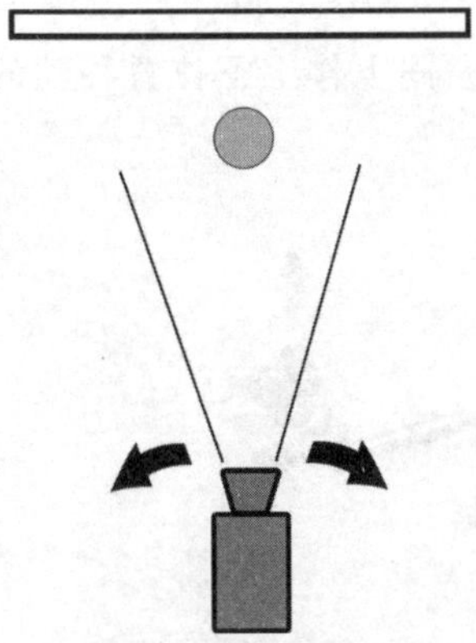

图 6－12 摇镜头

移动镜头：又称“移动摄影”，简称“移”。

摄影机沿水平面作各方向移动所拍摄的画面。1896 年法国人普罗米奥在威尼斯的游艇中受到启发，设想“用移动的电影摄影机来使不动的物体发生运动”。于是，他在电影中首创了“横移镜头”。随着摄影技术的提高，各种形式的移动镜头相继出现。被摄对象呈静态时，摄影机移动，使景物从画面中依次划过，产生巡视或展示的视觉效果；被摄对象呈动态时，摄影机伴随移动，形成跟随的视觉效果；如逆动体方向移动，还可创造特定的情绪和气氛。移动镜头能较好地展示环境、表现人物，也是获得长镜头的一种手段。移动镜头的拍摄要借助一定的摄影辅助器材（轨道移动车，斯泰尼康，摇臂等）或者与场景中相关的交通工具（飞机、汽车、火车、船等）。其运动按移动方向大致可分为横向移动和纵深移动；按移动方式可分为跟移和摇移。见图 6－13。

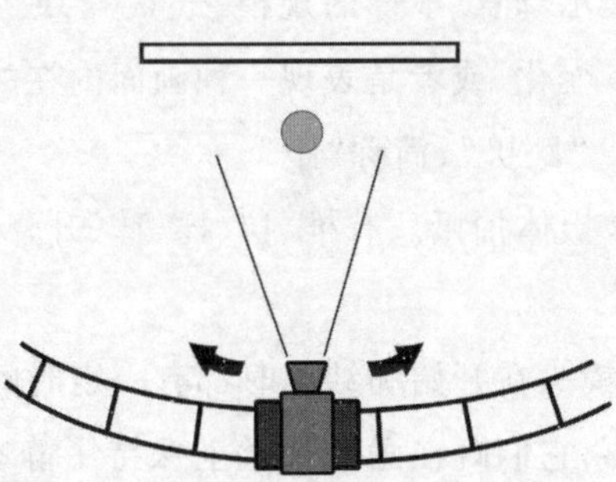

图 6－13 移动镜头

升降镜头：简称“升降”，又称“升”、“降”或“升降拍摄”。

摄影机离开地面位置，在空间上作上下位置移动的拍摄，上为“升”，下为“降”。见图6－14和图6－15。

图6－14　升

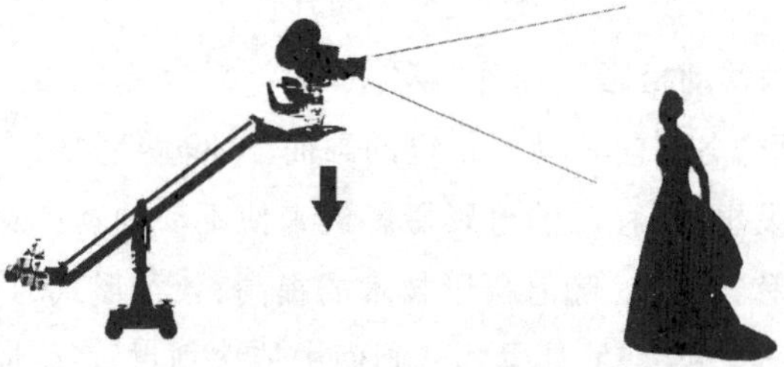

图6－15　降

在升镜头中，场景中的地面景物会成为画面的主要背景，利用好前景会产生高度感，形成丰富的视觉感受。在降镜头中，场景中的天空或背景会成为画面的主要背景，如果巧妙地利用前景，则能加强空间深度感。

升降镜头常常用来展示场景、事件的规模、气氛等，或者是表现处于上升和下降时人物的主观感受和视点变化，或者是表现一种画面内在的含意与情绪。

跟镜头：又称“跟拍”、“跟摄”，简称“跟”。

摄影机跟随运动的被摄体拍摄。有推、拉、摇、移、升降、旋转等跟拍形式。

起幅、落幅

在一般情况下，运动镜头在开始和结束时都有一定时间长度的静止画面，这样的静止画面就叫起幅和落幅，它们既在画面视觉上保持了静态到动态和动态到静态的过渡，又为后期的剪接创作留下了余地。

起幅：运动镜头开始的画面。要求构图讲究，有适当的静止长度。一般有表演的场面应使观众能看清戏剧动作，无表演的场面应使观众能看清景色。具体长度可根

据剧情内容或创作意图而定。由静止画面转为运动画面时要自然流畅。

落幅：运动镜头终结的画面。要求由运动转为固定画面时能平稳、自然，尤其重要的是准确，即能恰到好处地按照事先设计好的景物范围或主要被摄对象位置停稳画面。有表演的场面要按照戏剧动作不能过早或过晚地停稳画面，当画面停稳之后要有适当的长度使表演告一段落。但在特殊条件下，运动镜头之间相连接时，画面也可不停稳，采用动接动的组接方法。

5. 光

光是构成视听语言的一个很重要的因素。从创作媒材的角度来说，视听语言的"视"是靠"光波"这一媒材存在的，光是创作者进行艺术构思的重要手段。在国外以及国内的一些影片中，摄影指导（Director of photography）的一个重要职责就是对不同的光进行调配和布置。

(1)光的作用

①完成摄影画面曝光工作，实现影像确立。这是光对影视来说所要起到的最基本的作用，没有适当的光源，就不可能进行正常的曝光工作。

②决定场景气氛效果。不同的用光，再加上不同的色调，可以营造出不同的气氛效果。

③为影片确定视觉基调。光是决定影片风格的重要创作元素，一部广告影片风格的外在视觉形式往往要通过光来确立。例如如果要表现温馨的家庭场景，黄色的光调可以帮助营造这种氛围。而要表现一些比较激越的场面，则可考虑使用红色光调。对宁静、辽远的环境的塑造，蓝色光调则能发挥应有的作用。

④帮助画面构图。影视的画面构图与绘画和平面摄影不同，它是动态构图，动体在不同光线条件下的运动，以及光线的变化，都可以取得不一样的构图效果。

⑤塑造人物形象，揭示人物的内心情感。利用光线，可以塑造不同的人物形象（比如阳光少女的形象和黑社会老大的形象，就可以使用不同的光去塑造）。利用不同类型的光也可以去表现或增强人物的内心情感，这种情感有可能是喜悦、希望或恐惧、悲愤、激动、绝望等等。

⑥利用光线还可以表现时间的变化。自然界的光线变化，表明时间的推移，比如黄昏的光线与阳光明媚的清晨的光线是不一样的，许多影视作品常常利用光线的变化，来表示时间的变化。

以上是光在影视作品中起到的主要作用，另外，光还可以形成节奏，产生象征意义等等。在实际操作中,一定要发挥出光的不同作用,让光很好地表现广告的内容。1987 年,《末代皇帝》的摄影师,也是此片导演贝尔托卢奇的长期合作伙伴斯托拉罗(其广为人知的作品除了《末代皇帝》,还有大名鼎鼎的《现代启示录》),在拍摄该片期间曾经应邀到北京某高校与师生座谈,当他谈到一部影片的摄影指导应该起到的作用时,说了一句非常经典的话,他说:"当我接到一部影片的剧本时,我就一直考虑这样一个问题:如何用光把这个故事讲出来"。斯托拉罗的这句名言,应该成为所有摄影指导和导演的座右铭。一支优秀的广告影片,绝不只满足于用光把场景打亮,而确确实实要用光去讲故事,用光去表现创意。

(2)光的类型及特性

①按光源进行划分:自然光和人工光。

自然光:包括日光和天空光,是影视摄影中常用的光线。自然光的特点是:光照范围大,普遍照度高,光照均匀,但其不受摄影者意向控制。自然光由于时间、季节、气候、地理条件的变化而受影响。

人工光:指灯光光线。人工光可适应各种用光需求,既是摄影棚内摄影的主要光源,又可用作室外摄影的补助光或主光。人工光在光照的强度与范围、显色性等方面不如自然光,但在使用上却有较大的灵活性。常用于产生人工光的灯具有白炽灯、碘钨灯、卤钨灯、碳弧灯、镝灯、氙灯等,按性能上分则有聚光灯、散光灯、高色温灯和低色温灯等。

②按光的不同性质划分:直射光和散射光。

直射光:又称"硬光",是指在被摄体上产生清晰投影的光线,如日光和聚光灯的光线。其特点是:A. 有明显的投射方向;B. 能在被摄体上面构成明亮部分和阴影部分及其投影;C. 能表现出被摄体的立体形状、轮廓形式、表面结构;D. 易产生局部光斑;E. 能显示时间性。直射光造型性好、光感强,并能构成多种影调形式和确定明暗配置,一般多用作主光。

散射光:又称"软光",是指在被摄体上不产生明显投影的光线,如阴天的光线和经柔化的灯光。其特点是:没有明显的投射方向;光线均匀,能用光调描绘对象的立体形态,层次细腻,效果柔和。散射光常用作补助光、底子光、天片光。在内景拍摄时,常用纱网、钢丝网、白纸、反光伞、反光屏幕造成,或用机械控制,使光线扩散而成为柔和的光。

③按光源位置不同划分:可分为顺光、逆光、侧光、顺侧光、侧逆光、顶光、顺顶光、顶逆光、前脚光、后脚光。

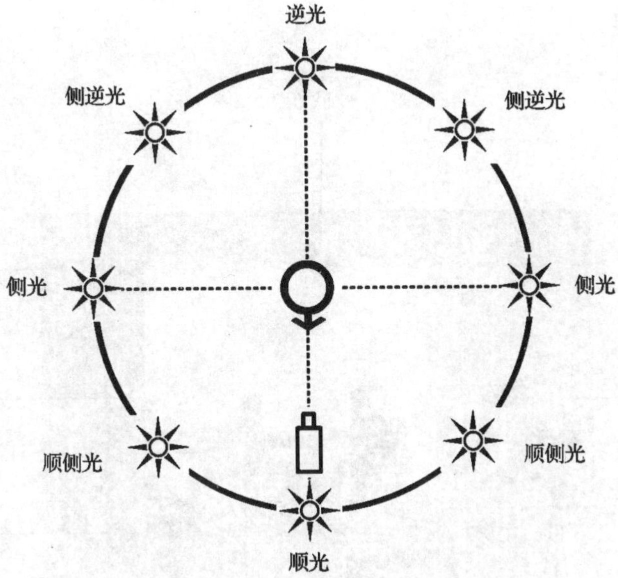

图 6－15－1　按光源位置不同划分光的类型

图 6－15－2　按光源位置不同划分光的类型

④按光造型作用的不同划分：可分为主光、副光、过渡光、轮廓光、背景光、环境光等。见图6－16。

图6－16　按光造型作用划分光的类型

主光：又称“塑型光”，是影视摄影用于照明被摄对象的主要光线，是画面中最引人注目的强光。它确定被摄对象的立体形状的概貌，并决定着场景总的用光格局——明暗配置、光斑位置、光影分布以及景物或人物的造型。其特点是：A. 有明确的方向性，显示光线的主要射向；B. 产生明显的阴影，亮与暗分界鲜明，构成一定的反差。在户外拍摄时，白昼以阳光为主光；在室内拍摄时，亦可利用透过窗户的阳光、天空光作为主光。有时只用一个主光还不能全面完成造型任务，故多是在副光等几种光线相配合下加以运用。主光处理得好坏影响到被摄对象的立体形状和轮廓形式的表现，也影响到影片的基调和风格。

副光：又称“补助光”，是对主光进行补充的光线。用于亮度平衡，帮助造型。副光多为散射光，为阴影部分提供适当的照明，提高影像暗部的造型表现力。副光的亮度变化可改变影调反差，形成不同的气氛。在实际运用中，通常是在确定了主光亮度条件下，调整副光，因此，副光决定着画面的明暗反差。其运用原则：A. 亮度不能强于主光而产生副光光影，破坏主光的光线效果；B. 副光的阴影部分应当保持阴影的

性质，并使暗部有适当的造型。

过渡光：是主光、副光光位之间的光线。有增加明暗过渡层次和消灭死角获得更好的造型效果的作用。运用过渡光应注意不能亮于主光，但需稍强于副光。

轮廓光：是使被摄对象产生明亮边缘的光线。是逆光效果的一种。能勾划出被摄对象的体态或各部分的轮廓，突出对象富有表现力的轮廓形式。在繁杂、重叠的景物条件下，能区分这一物体与另一物体，区分前后景次，增强空间感。在使用人工光时，轮廓光经常与主光、副光配合使用，使画面的光线描绘多样化，产生美丽的闪光，丰富影调层次，从而提供良好的造型效果，增强画面的形式美感。

背景光：是专用以照亮背景的光线。主要作用是使被摄对象在背景中得到鲜明的表现。在影视用光中，背景光除烘托主要对象之外，还有表现特定环境、时间或造成某种气氛和影调构图的作用，在镜头的组接中是影调衔接的重要因素。

环境光：是对剧中人物生活环境的用光。多指棚内景、实景的人工光线。是天片光、衬景光、主景光、前景光以及大型的陈设道具光的总称。环境光的处理，是对美术师所提供的环境进行再创造。既可以表明剧中人物活动的具体地点，也可以表明天气状态（阴、晴），说明故事发生的时间（昼、夜、晨、夕）。它也是形成画面影调和影片基调的一个重要条件。在实景中，环境光的处理以自然光为主，人工光为辅。或反之，也可完全用人工光进行处理。外景中，环境光主要是自然光照明，但在黄昏、黑夜进行拍摄时则常用人工光。无论在什么情况下，环境光的处理都要简洁，不可影响人物光，干扰主体形象的表现。

以上是对光的类型和特性进行的简要介绍，使大家对光及其功能有一个初步的认识。在实际操作中，情况要复杂得多，因此不能死搬教条而要学会灵活运用。影视和广告是一门操作性很强的学科，一些知识只有在实践中才能最终学会，对光的理解和应用更是如此。

6. 声音的种类和功能

声音对视听语言的重要性是不言而喻的。我们知道，影视不仅要满足人们“看”的生理需求，还要满足人们“听”的生理需求。如果没有声音，影视的艺术表现力会至少丧失50%，它们将成为“哑巴艺术”。声音在影视中可以表情达意，传递信息，可以帮助形成节奏，也是塑造影视空间的重要手段。按照声源的不同，可以把影视中的声音分为以下三大类：

（1）人声

人的发声器官发出的声音。人的声音是人类进行交流的手段之一。它包括文字语言的口语(对话、内心独白、解说词),以及同样起着交流作用的音色、音高、力度和节奏。一位外国心理学家通过对人们进行交谈时信息传递情况的研究,提出了这样一个结论:人们在交谈时,"传达一项信息的总效果 = 言词 7% + 声音 38% + 面部表情 55%"。可见,人声传达信息的组成部分远远不限于说话中的文字,它还有音色、音高、力度、节奏等声音的表情特征。

人声可以传达思想,传递信息,表达情绪和感情,塑造性格,推进故事情节的发展,构成一种环境气氛,等等。

(2)自然音响

生活环境中所有声音的总称。它包括人或动物的动作所发出的声音,刮风、下雨、电闪、雷鸣的声音,集市、战场、赛场等场所发出的声音,各种机器所发出的声音,等等。

自然音响不仅可以传达信息,而且蕴含着丰富多样的表现力。自然音响作用最大也最容易体现的,就是创造声音环境。恬静的田园风光,激烈的战斗场面,喧闹的街道,除夕之夜,海港码头的景象等等,都是自然音响的好题目。自然音响可以叙事或表现一个事件;自然音响还可以表达思想感情或情绪气氛。可以进一步这样说,自然音响的功能基本上和人声的功能是一样的,只是程度各异。自然音响不同于对话之处在于,对话往往要抢夺观众对画面的注意力,自然音响则与视觉画面相辅相成。

(3)音乐

音乐是最抽象的艺术,音乐所表达的思想(乐思)不可能像对话和自然音响那样与具体声源有着直接而有机的联系,以及像视觉因素那样具体准确地来表现客观的表象。然而它在激起人的心理反应,亦即感情和情绪方面却又是最准确和细腻的,这种能力是其他任何艺术所不及的。在影视作品和广告中,音乐可以制造气氛,表现神韵,抒发感情,表达情绪,帮助形成节奏。

7. 时间

(1)三种时间形式

电影、电视和影视广告拥有一个可以测定的最小时间单位:1/24 秒或 1/25 秒。从观众的接受角度来看,它们都存在着三种不同性质的时间形式:

①放映时间。放映时间指的是一部完成作品在放映时所需要的时间。当前在我国,电视广告的放映时间有三种基本类型:5 秒,15 秒,30 秒。通常电视剧则为 40 - 60

分钟一集。一部电影的时间长度则没有一定之规,这要视具体的作品而定。电影大师希区柯克在上个世纪50年代回答法国“新浪潮”主将特吕弗关于一部电影多长时间比较合适这一问题时,曾有一个精彩的回答,他说:“这要看观众的那泡尿能憋多久。”在这里,希区柯克从电影时间的角度,强调了电影要运用一切手段把观众紧紧地吸引住这一问题。以传达产品信息为根本功能的影视广告,也一定要在短短十几秒、几十秒内,运用一切视听元素牢牢吸引住观众的眼球,否则广告的功能就无法发挥。

②事件发生的时间。由于视听语言的特殊表现力,影视所表现的事件发生的时间可以从一刹那的主观想象,一直到延续了几千年的故事。

③观众观赏的心理时间。观赏的心理时间就是放映时间和故事发生的时间综合起来,在观众心理上所造成的一种独特的时间感。如果一部影片自始至终都很吸引人,虽然这部影片很长,观众也感到意犹未尽,时间很短。反之,如果一部片子情节乏味,节奏拖沓,即使本身放映时间很短,也会让观众感到时间过得很漫长。

(2)三种叙事时间

在影视作品里,叙事时间可以分为三个基本形式。

第一种是实时的时间形式,一般一个镜头里的时间就是实时的。

第二种是省略的时间。在生活中,没有人会按实时来重述过去的一段经历。叙事必然要进行省略,不能照抄实时的生活。一般时间的省略出现在镜头与镜头之间。当一个人物从一个镜头的空间跳到另一个镜头的另一个空间时,观众无法判断这两个镜头之间省略了多少空间,因此也无法判断流失了多少时间。单个镜头也可以通过空间调度和摄影机的运动在一个连续不断的镜头中创造时间的省略。快镜头的运用则是一种比较常见的省略时间的方式。

第三种时间的处理就是延时。如果从不同的机位(一般超过30度)来拍摄同一个动作,使几个镜头中的动作重叠(部分重复),由于角度变了,观众觉察不出来,但是动作的时间却由于重复而延长了,从而起到了强调和突出的作用。在影视和广告中比较常用的另一种延时处理办法,就是慢镜头。

二、后期剪辑

1.镜头组接的功能和原则

电影、电视和广告的画面是分镜头拍摄的,既有内景和外景之分,又有不同的画面景别，而且由于季节、天气状况以及资金等方面的因素，在拍摄过程中，既有“*顺拍*”（按照故事的情节发展顺序进行拍摄），也有“*跳拍*”（不按情节、场次的前后顺序进行的拍摄）。而且，为了提高拍摄效率和节省资金，在一部影视剧和广告片的拍摄中，“*跳拍*”的镜头比例往往超过“*顺拍*”。镜头组接就是将这些前期拍摄完成的画面素材，根据剧本和导演意图，经过选择，运用各种技术手段组接起来，构成一部完整的影片。镜头的组接是一个非常有趣的过程，同样的镜头画面，进行不同的组接，所传达的讯息内容和讯息意义就会不同。

(1)镜头组接的功能

概括起来讲，镜头组接的功能有以下几个方面：

①传达完整的讯息内容。一般来讲，单个镜头能够传达的讯息是有限的，要想完整地传达一则讯息，就需要将若干个镜头按照一定的逻辑关系组接起来，才能最终传达一个完整的讯息。

②叙述故事情节。同传达讯息一样，对一段完整故事情节的叙述，也需要把若干个镜头组接在一起才能完成。

③形成冲击力和感染力。如果说前两项功能是镜头组接最基本的功能，也是镜头组接所能达到的最基本的效果，那么形成冲击力和感染力则是所要达到的最高和最终效果。镜头组接既要把讯息传达清楚，把故事讲明白，但同时还要极力避免平铺直叙，平淡如水，而是要运用各种技巧，在视听两方面形成冲击力和感染力，强烈地吸引住观众。现在是争夺眼球的时代，如何吸引观众眼球，是广告和影视剧在前期拍摄和后期剪辑时要考虑的第一要素。

(2)镜头组接的原则

①以观众欣赏心理的能动性和连贯性为依据，符合现实生活的逻辑和思维的逻辑，只有这样才能被观众准确无误地接受和理解。这一原则是镜头组接的真实性原则，也就是说在进行镜头组接时不能让观众感到虚假不可信，也不能让观众看不明白，理解不了。

②必须形成新的时空关系，形成节奏。视听语言的所谓艺术性也就表现在这里。节奏对广告和影视作品非常重要，为什么？是因为人的呼吸有节奏，人的脉搏跳动有节奏，影视只有在内在故事叙述，外在视听形式两个方面产生节奏，才能满足和刺激观众的生理机制，把观众强烈地吸引住，使他们深陷其中不能自拔。

2. 镜头组接方式

从操作层面上讲，镜头组接有以下几种主要方式。

(1) 切换

切换简称“切”，也叫“分切”，是影视最基本的镜头转换方式。不使用任何光学或数码技巧，直接由一个镜头转换成另一个镜头或由一场戏转换成另一场戏，即把两个镜头或两场戏直接组接在一起，这样的镜头组接方式就叫“切换”，也被称作无技巧剪辑。前一个镜头叫“*切出*”，后一个镜头叫“*切入*”。这种方式直接、朴素、简洁、流畅，在影视剪辑中使用得最多。

(2) 叠化

视听语言中特有的一种表现形式。两个或两个以上不同时空中不同景物或人物的画面重叠起来，复印在一条胶片上，相互重叠的各个画面的内容之间有内在联系。叠化可以对故事起到概括、省略叙述的作用，还可以表现人物的联想、回忆、梦幻和潜意识等。

(3) 渐显、渐隐

亦称“淡入、淡出”、“渐明、渐暗”，是视听语言中表现时空间隔的重要手段。表现形式是前一场景的画面逐渐暗淡直至完全消失(*渐隐*)和后一场景的画面逐渐显露直到十分清晰(*渐显*)。这种手法用以表现某一个情节的终了和另一个情节的开端，使观众视觉上得到短暂的间歇，其作用类似戏剧幕间分场或音乐乐章段落的更换。它可以使影视作品段落分明，除表达时间空间转换的作用外，还可以表现不同的情绪和节奏。

(4) 划入、划出

也称“划”、“划变”。表现形式是滑移，即后一个镜头画面从前一镜头画面上渐渐划过，前后交替。可以表现时空转移或在同一时间不同空间所发生的事件，也可以用来加强某种视觉效果、情绪或者节奏。其形式多样，如左右划、上下划、多角形划、菱形划、螺旋形划等，具体使用时，可根据剧情需要和画面运动方向而选用某一种形式。

3. 蒙太奇

(1) 什么是蒙太奇

蒙太奇来自法语，是“montage”的音译，它原意为建筑学上的构成、装配，借用到影视中有组接、构成之意。关于蒙太奇的概念，至今没有一个统一的、被大家一致认可的定义。这里把一些比较有代表性的解释介绍给大家，以便对蒙太奇的概念有一个全面的了解和把握。

《大英百科全书》对蒙太奇的解释是："蒙太奇指的是通过传达作品意图的最佳方式，对影片进行的剪辑、剪接以及把曝光的影片组接起来的工作。"

前苏联著名电影导演普多夫金认为，"蒙太奇是电影导演的语言，正如生活中的语言那样，在蒙太奇中也有单词，即拍好的一段胶片，也有句子，即这些片断的组合。"

法国电影理论家马赛尔·马尔丹在《电影语言》一书中写道，"蒙太奇是电影语言最独特的基础。""蒙太奇意味着将一部电影的各种镜头在某种顺序和延续时间的条件中组织起来。"

我国电影理论家夏衍指出，"蒙太奇，就是依照着情节发展和观众注意力和关心的程序，把一个个镜头合乎逻辑地、有节奏地连接起来，使观众得到一个明确、生动的印象或感觉，从而使他们正确地了解一件事情的发展的一种技巧。"①

《电影艺术词典》的解释是：在电影创作中，根据主题的需要、情节的发展、观众注意力和关心的程度，将全片所要表现的内容分解为不同的段落、场面、镜头，分别进行处理和拍摄。然后再根据原定的创作构思，运用艺术技巧，将这些镜头、场面和段落合乎逻辑地、富于节奏地重新组合，使之通过形象间相辅相成和相反相成的关系，相互作用，产生连贯、对比、呼应、联想、悬念等效果，构成一个连绵不断的有机的艺术整体——一部完整地反映生活、表达思想、条理贯通、生动感人的影片。这种构成一部完整的影片的各种技巧和技法称为蒙太奇。②

由此可以看出，关于蒙太奇的解释，可谓众说纷纭，但其基本概念并没有本质上的差异。从以上解释可以看出，蒙太奇的完整概念，包括三层意思：其一，蒙太奇是影视创作中一种独特的思维方法；其二，是视听语言的构成方法，它包括分镜头和镜头、场面、段落的安排与组合的全部技巧；其三，作为电影剪辑的具体技巧和技法。

如果诸位还是觉得蒙太奇不太好理解的话，宋代词人马致远那首流传千古的著名词作可以对蒙太奇这一概念做个很好的注脚："小桥，流水，人家，枯藤，老树，昏鸦，夕阳西下，断肠人在天涯。"这首词的创作思维就是蒙太奇思维，如果把这首词拍

---

① 路盛章：《电视广告创作》，中国广播电视出版社，2000年，第87页。

② 《电影艺术词典》编辑委员会：《电影艺术词典》，中国电影出版社，1986年，第199页。

成画面进行剪辑，它就是一个经典的蒙太奇段落。

(2)蒙太奇的功能

①选择与取舍，概括与集中。通过镜头、场面、段落的分切与组接，可以对素材进行选择和取舍，选取并保留主要的、本质的部分，省略或删节繁琐、多余的部分；可以突出重点，强调具有特征的富有表现力的细节，使内容表现主次分明，繁简得体，隐显适度，达到高度的概括和集中。

②引导观众的注意力，激发观众的联想。由于每个镜头只表现一定的内容，按一定顺序把镜头组接起来，就能够严格规范和引导观众的注意力，影响观众的情绪和感受，使观众产生联想，引发观众进行思考。正确地创造性地运用蒙太奇不仅可以使观众清晰、明白地理解影片内容，而且可以引导观众积极、主动地参与到影片的创作之中。

③蒙太奇可以创造独特的电影时空。运用蒙太奇对现实生活的时间和空间进行加工、剪裁、组织和改造，使之成为独特的艺术元素——电影时间和电影空间，使电影时空在表现领域上极为广阔，在剪裁取舍上异常灵活，在时空转换上非常自由，在时空组接方式上多种多样，从而使影视可以创造出不同的叙述方式和结构形式，形成不同的影视流派。

④形成不同的节奏。蒙太奇是形成影视节奏的重要手段，它将内部节奏和外部节奏、视觉节奏和听觉节奏有机组合起来，使影视节奏丰富多变、生动自然而又和谐统一，产生强烈的冲击力和感染力。

⑤组织、综合各种元素。运用蒙太奇将影视的各种元素(表演、摄影、造型、声音等)，即将视觉元素(人、景、物、光、色、构图等)和听觉元素(人声、自然音响、音乐)融合为运动的、连续不断的、统一完整的声画结合的银幕(屏)形象。

⑥表达寓意，创造意境。镜头的切换和组合，声画的组合与相互作用，可以产生新的含义，即产生单个镜头、单独的画面或声音本身所不具有的思想含义，可以形象地表达抽象的概念，表达作者的寓意，或创造出特定的艺术意境。

(3)蒙太奇的类型

①叙事蒙太奇又称“叙述性蒙太奇”。以交代情节、展示事件过程为主旨的一种蒙太奇类型，它按照情节发展的时间流程、逻辑顺序、因果关系，来分切组合镜头、场面和段落，表现动作的连贯，推动情节的发展，引导观众理解剧情，是影视中最基本的、常用的叙述方法。其特点是脉络清楚，逻辑连贯，明白易懂。叙事蒙太奇根据叙述方式一般分为连续蒙太奇、平行蒙太奇、交叉(交替)蒙太奇、重复(或叫复现式)蒙

太奇等。以下对平行蒙太奇和交叉蒙太奇这两种比较常用的蒙太奇形式予以简要地介绍。

平行蒙太奇：两条或两条以上情节线索(不同时空、同时异地或同时同地)的并列表现、分头叙述而统一在一个完整的情节结构之中,或几个表面毫无联系的情节(或事件)互相穿插交错表现而统一在共同的主题中。平行蒙太奇的作用是多方面的:A.在处理剧情时,可以删节不必要的过程;B.由于几条线索平列表现,相互烘托,可以形成对比、呼应,产生多种效果,丰富影视的表现力;C.可以提供自由叙述和时空灵活转换的可能性,使影视结构多样化。

交叉蒙太奇：又称"交替蒙太奇"或"动作的同时发展"。它是由平行蒙太奇发展而来,其特点是它所并列表现的两条或数条情节线索交替表现,其中一条线索的发展往往影响或决定另一条或数条线索的发展,互相依存,彼此促进,最后几条线索汇合在一起。这种手法能造成激烈紧张的气氛,加强矛盾冲突的尖锐性,引起悬念,可以调动起观众的情绪。影视中常用于表现追逐或惊险的场面。

②表现蒙太奇主要不是用来叙述事实本身,而是为了表现某种寓意、精神、情绪。表现蒙太奇往往以镜头和镜头的对列为基础,利用画面的类比,象征新关系,来获得独特的艺术效果。表现蒙太奇常见的主要类型有:

对比式：把不同内容、不同形象、不同声音的画面剪辑起来,造成强烈的对比关系。例如:一贫一富,一高一低等等。

隐喻式：隐喻式不是像对比式那样将相反的两件事物放在一起形成对比,而是将貌似相同而实质不同的两个事物加以并列,以此喻彼,所以又叫比拟式或类比式。例如在前苏联电影《罢工》中,将宰牛和屠杀工人并列,隐喻工人在反动统治下像牲口一样被杀戮。

象征式：与隐喻式相近似,将某一具体事物与另一事物并列以展示这一事物的意义,用具体的事物,比喻抽象的概念。例如用高山、青松象征英雄人物,用鲜花象征幸福等。

需要说明的是,蒙太奇的表现方式,相对于影视广告来说,由于需要较长的时间去展开,因此很少有广告直接使用以上列举的蒙太奇表现手法。但作为形成视听语言的重要元素,蒙太奇的思维方式和表现方法,在我们进行影视广告创作时,能为我们提供有益的借鉴和参考。

复习题

1. 什么叫镜头？

2. 什么叫机位？

3. 什么叫景别？

4. 什么叫空镜头、主观镜头、变焦镜头？

5. 镜头运动有哪四种形式？

6. 什么叫起幅？什么叫落幅？

7. 在影视作品中，光能起到什么样的作用？

8. 自然光和人工光各有什么优势和劣势？

9. 什么叫直射光？什么叫散射光？

10. 声音分为哪三大类？各有什么功能？

11. 影视的三种时间形式是什么？

12. 镜头组接有什么功能？

13. 镜头组接的原则是什么？

14. 镜头组接有哪几种方式？各有什么特点？

15. 你对蒙太奇是如何理解的？

16. 蒙太奇的功能有哪些？

17. 什么叫平行蒙太奇？

18. 什么叫交叉蒙太奇？

19. 表现蒙太奇的主要类型有哪三种？

20. 电影和电视的最小时间单位分别是什么？各有多长时间？

练习题

1. 用照相机拍摄以下景别的画面：远景，全景，中景，近景，特写，大特写。

2. 用照相机拍摄以下角度的画面：一般角度，仰角度，俯角度，倾斜角度。

3. 用 DV 拍摄以下形式的运动镜头：推镜头，拉镜头，摇镜头，移镜头，跟镜头，升降镜头。

4. 按不同的光源位置，画出如下光线：顺光，逆光，侧逆光，顺侧光，顶光，顺顶光，顶逆光，前脚光，后脚光。

5. 用 DV 把本章中引用的马致远的那首词摄制成一个蒙太奇段落。

第七章 制作故事板[①]

一、怎样写文字脚本

1. 文字脚本的功能

经过痛苦而快乐的“脑力激荡”之后，几经筛选，最后忍痛割爱，确定了一至三个创意（绝对不要超过三个，不然在拿给客户看时他们会看花眼的），这几个创意需要用文字脚本的形式记录下来。

文字脚本，也就是影视广告的剧本，主要有以下四个方面的功能：

(1)把创意情节完整记录下来，并进行修改和完善；

(2)为美工绘制故事板提供参考，故事板画面内容和声音的文字描述通常要参考文字脚本；

(3)可以把它当作计时的依据。把文字脚本写出来后，按其情节把动作和台词表演一遍，并据此计算此创意的时间长度，以便多删少补；

(4)作为和客户初步沟通之用。为了节省开支和提高效率，创意完成之后，往往把创意的文字脚本用传真或电子邮件发给客户，让他们进行其选择后，把他们认为不错的文字脚本用故事板的形式画出来。

2. 文字脚本的写作要求

写文字脚本时，要尽可能用生动形象的语言把创意按场景顺序描述出来，让人看过之后，对未来的广告片有一个具体、形象的印象。文字脚本不是导演分镜头脚本，写作时可以不注明景别和一些具体的拍摄技巧，那样有时会因为过于细致而影响对创意的整体理解和想象。以下是对文字脚本写作的具体要求：

(1)文字脚本的写作，要有时间概念

对每一场景和整支广告所需要的时间，要有一个精确的估算。再好的创意，如果时

---

① 本章由周古月同学撰写。

间过长或者过短，都要进行修改。通常的情况是，时间往往超出。对于一支30秒的广告来说，所作的创意可能需要1分钟或更长的时间才能完成。时间概念对于影视广告非常重要，如果在文字脚本阶段对时间没有一个精确的把握和控制，就会对故事板绘制和以后的拍摄造成不必要的麻烦。对广告时间长度的把握，需要平时的观察、领悟和训练。

(2)文字脚本要有画面感

文字脚本应该让人看到对场景的描述后，脑海里马上能浮现出相应的画面和动作。抽象的、不确定的、不能用具体画面体现的描述，都需要舍弃，并代之以具象化、直观、准确的描述。影视思维和蒙太奇技巧对文字脚本画面感的形成，将发挥非常重要的作用。正是基于此，我们把影视广告剧本称为"文字脚本"，而不是"文学脚本"。

要牢记产品才是创意的主角，因此，不要过分沉溺于故事情节，文字脚本里也要有彰显产品的描述，不然，客户看过创意后会质问：我的产品在哪儿？当然，如果是为了传达企业的价值、形象或者理念，广告里面也可能不会出现具体产品。

3. 文字脚本的写作格式

广告文字脚本的写作与电影故事片的剧本写作类似，下面是一个标准的电影剧本写作格式：

标准电影剧本格式

内景　工厂织布车间　　白天

机器轰鸣的织布车间。

身穿白色工作服、头戴白帽子的文秀在几台织布机之间来回走动、操作。

她的脸上有少许疲惫。

铃声响了。

来接班的女工快步来到文秀身边。

文秀简单地交待了几句后离开。

内景　与车间相连的更衣室　　白天

文秀麻利地换下自己的工作服和白帽子，放进自己的柜子里锁上。

内景　更衣室外的一间屋子　　白天

班长：咱们这批新来的姐妹，已经快一个月了……

文秀和其他十几个女工疲惫地坐在凳子上听班长讲话。

班长：……大部分人进步太慢，操作四台机器时还马马虎虎，一到现在六台机器，就显得手忙脚乱,出了很多次品。到时候操作十台机器怎么办?

女工们心不在焉地听着,有两个人困得快要睡着了。

班长:你们两个,再坚持一会儿。

两个女工强打起精神撑着。

班长:大家都要加把劲儿。冯文秀是咱们这个班里最好的,她从一开始就特别勤奋、认真,她织的布质量数量都超过了要求,大伙儿要向她学习,另外……

文秀的脸上露出不易察觉的得意。

内景 工厂食堂 白天

工厂食堂里,十几个餐桌上放着用大盆盛着的米饭、馒头和大锅菜。女工们围坐在餐桌四周狼吞虎咽地吃着,许多人甚至等不及把自己碗里的饭菜吃完,就迫不及待地又从大盆里盛出饭菜,把自己的碗重新加满。

文秀看着他们,有点不好意思,羞怯地用筷子往自己嘴里扒拉着饭,但眼看着大盆里的饭菜快要见底儿了,就不由得加快了自己的速度。

内景 工厂织布车间 白天

机器轰鸣的织布车间。

文秀在几台织布机之间来回走动、操作,脸上呈现出疲惫的神情。

车间班长在一排排织机间走动、巡查。

由于广告片的长度大大低于故事片的长度,绝大部分只有30秒钟,因此,广告文字脚本的写作比故事片剧本要更为浓缩和简洁。广告文字脚本有三种写作格式。第一种(见格式一)是把视觉部分和听觉部分合在一起,依时间顺序对每个场景逐一进行描述。第二种(见格式二)是在每页纸的左半部对图像(VIDEO))进行描述,按先后次序描绘广告里即将出现的各个场景;右半部则是声音(AUDIO)部分的描述,对照每个场景标明该场景里出现的旁白、对话或音乐、音效。第三种(见格式三)是在对创意进行文字描述的同时,附上供客户参考的图片。这三种格式并无孰优孰劣之分,根据具体的创意可以采取不同的格式。以下是这三种格式文字脚本的样本:

广告文字脚本格式一

以“创新”为主题的公益广告(15秒)

繁华的街道 白天 外景

一男子在热闹的大街裸奔,但他所经之处的所有人都在干自己的事情,根本没有人注意和理会他。

热闹的大街 白天 外景

见四周无人搭理,更没人围观呐喊,该男子逐渐停了下来,纳闷地看着周围的一切。

画面淡出 出字幕

(第一屏)还在学别人裸奔吗?

(第二屏)一切皆要创新

(张婧提供)

广告文字脚本格式二

以"创新"为主题的公益广告(30秒)

画面	声音
1)19世纪海滩,美女们穿着古典式泳衣:衬衣、灯笼裤和黑色长统袜。	轻快诙谐的音乐
2)一个身穿比基尼的女性出现。	
3)海滩上男士的目光立即被吸引住。	
4)比基尼女郎低头看了一眼泳衣,屏幕上出现字幕:更少,让我们变得更美	
5)迷蒙小雨,福特黑色T型车,司机一边驾车一边用一个手动雨刷刷挡风玻璃,非常费劲。	大街喧闹声,汽车鸣笛声。
6)一辆现代化SUV汽车经过,两个自动雨刷左右摇摆。	刷玻璃的声音
7)T型车司机看着手中的雨刷,傻了眼。	
8)T型车司机羡慕地看着SUV汽车驶过,吃惊地发现它的车尾也有个雨刷。屏幕上出现字幕:更多,让我们看得更清	汽车行驶声。
9)蓝天白云,一个载人氢气球从远处飘过来,从一个小点变得清晰可见。	愉悦的音乐。
10)气球的吊篮里有个胖胖的大叔。	
11)气球承受不住胖大叔的重量,慢慢往下掉,大叔恐怖地叫了起来。	大叔发出恐惧的惨叫。
12)一架飞机升空后,平稳行驶。屏幕上出现字幕:换一种方式,让我们走得更远	飞机起飞音效。
13)标板:创新,我们因此不一样	(浑厚的男声)创新,我们因此不一样。

(叶晓媚提供)

广告文字脚本格式三

威露士消毒药水文案

场景	内容	旁白	画面参考
中景	在一间现代化洗衣房里,见一年轻女子正认真地将一堆未洗的衣物分类。	内衣…外衣…内衣……	
中景	一年轻男子冷酷地站在年轻女子对面,满脸不屑地盯着正在将衣服分类的女子。		
特写	年轻男子目光凌厉地盯着年轻女子。	分开洗太麻烦了。	
特写	年轻女子用同样凌厉的目光盯着年轻男子。	一起洗不卫生。	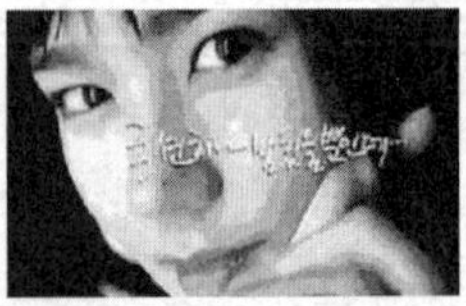
远景	只见一台现代化洗衣机放大在画面正中间,两人因各持已见而摆出对战的架势,且两人用狠狠的目光互相对望,只见他们手中的衣服两袖越拉越长。	男:一起洗。 女:分开洗。	
特写	威露士消毒药水产品镜头。		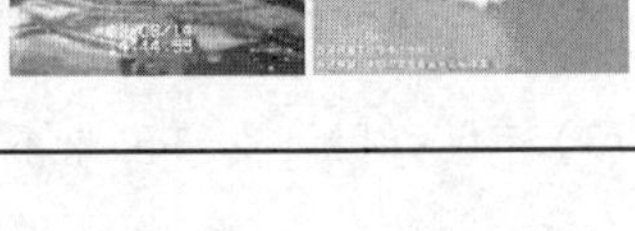

续表

场景	内容	旁白	画面参考
三维	讲述威露士消毒药水功能。	用威露士除菌液就卫生又方便了。 它强力杀菌,不伤衣物,不掉色。	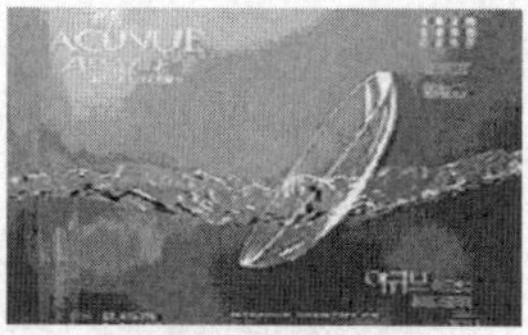
中景	这对男女表现出满意的表情,每人手拿一件衣服背靠背站着。	内外衣裤一起洗。	
特写	产品镜头。	用威露士除菌液。	
特写	企业标版。	watch!	Walch

4. **创意说明**

在向客户提交文字脚本时,文字脚本的前面或者后面应该附一个该创意的创意说明。创意说明是为了便于客户理解广告创意,向客户"推销"该创意而写的说明性文字。创意说明的内容包括创意为什么要这样做,这样做能产生什么效果,这个创意的最大"卖点"是什么,广告口号有什么特色,未来的摄制效果怎么样,会产生什么样的效应,等等。创意说明不宜太长,根据不同的创意,半页或一页纸就够了。文字要简洁而有冲击力,但要避免给人"王婆卖瓜,自卖自夸"的感觉。关于创意说明的标准样本,请参看本章第 4 节。

二、怎样制作故事板

1.故事板的功能

故事板是将广告文字脚本视觉化的产物，它又称故事脚本和故事画纲，源于英语“Story board”。之所以要制作故事板，是因为故事板有以下功能：

(1)进一步将电视广告创意视觉化

文字脚本即使写得再生动再形象，但也仅仅停留在文字的阶段，故事板使创意变得具体可见，并可以把未来的摄制效果初步展示出来。

(2)便于向广告主说明创意

俗话说，隔行如隔山。由于广告主影视专业知识的局限，他们不容易理解文字或口头的创意描述，故事板既有直观形象的画面，又有相应的文字说明，这样就有助于客户理解广告创意的故事情节。正式提案时，要用故事板对创意进行演示，而创意被客户通过后，客户会在故事板上签上“照此故事脚本拍摄”的字样，作为合同的一个组成部分，附在广告拍摄合同的后面，以防将来拍摄时创意未经客户同意而大幅度改动。

(3)为电视广告摄制提供依据

当创意被客户通过后，制作公司就要根据故事板挑选演员，寻找合适的拍摄场地，进行场景的设计制作。后期编辑时，编辑人员也要参考故事板对广告进行编辑制作。故事板在以上这些方面为摄制人员提供了依据。

2.故事板的内容

故事板上一般包括以下内容：

(1)客户名称，产品名称；

(2)整条片子的长度，每个镜头的时间长度；

(3)镜头画面(Video)及画面内容的文字描述；

(4)与镜头画面相对应的声音(Audio)的文字描述；

(5)每个镜头的拍摄方式，镜头与镜头的组接方式；

(6)特殊要求或其他应该注意的事项，等等。

正式提案用的故事板前面要附有一个创意说明。

3. 制作故事板应注意的问题

(1) 故事板越接近最终的拍摄效果越好

故事板不是儿童画，不是卡通画（除非你的创意要使用卡通的形式表现），也不是漫画，一个好的故事板，就是导演现成的分镜头脚本，导演只需照着每一个画面去拍就行了。

(2) 要有镜头感

要在每一个镜头画面里把景别、拍摄角度、画面构图体现出来。

(3) 要有运动感

影视的画面是运动画面，因此，故事板的每个画面要画得生动，要采取各种办法使画面具有运动感，切忌静态和呆板。

(4) 要有层次感

影视作品的大多数画面都是有纵深感的，故事板的画面要体现出每个场景的空间层次来，要有前景、中景、后景之分，不要使所有的景物和人物都处在同一平面上。

(5) 要细致

故事板不是草草勾勒的创意草图，越逼真越细致越好，人物神情、环境氛围都要尽可能细致地表现出来。

(6) 故事板要讲述一个完整的故事情节

不能把一些关键的场景画面省略或漏掉，致使故事残缺不全，让人无法理解。

(7) 故事板需要制作的画面数量

一般依据每个不同的创意而定，一支 30 秒的电视广告大概需要制作的画面在 15 – 20 幅之间。

(8) 故事板的画面规格

一般按电视屏幕长度和高度的比例（4∶3）绘制，今后随着高清平板电视机的普及，按其屏幕长高比例（16∶9）绘制会成为一个趋势。

4. 故事板的制作手法

(1) 手工绘制

这是目前许多广告公司仍然采用的制作方法，其特点是比较快捷和省钱。图 7 – 1是一个手工绘制的故事板样本（手工绘制时，也会借助电脑上色和进行修改）。

画面 **声音**

一“胃”字形小人，被“溃疡”两字紧追，痛苦不堪。

男声：胃溃疡。

“胃”字形小人，被“痉摩”两字紧追，浑身冒汗。

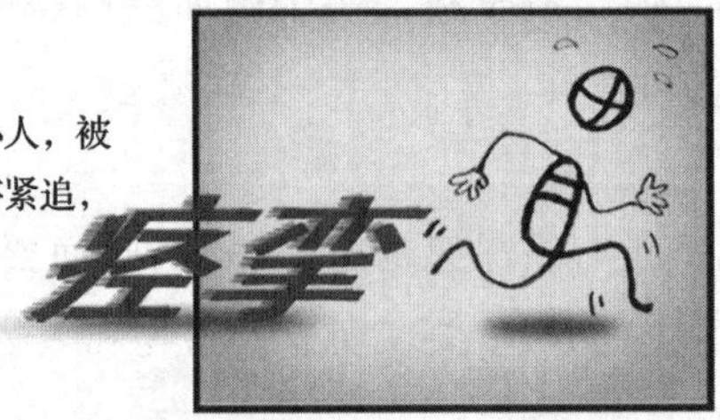

男声：胃痉挛。

“胃”字形小人又突然被从天而降的“慢性 炎”三个字夹击，慌张地左顾右盼。

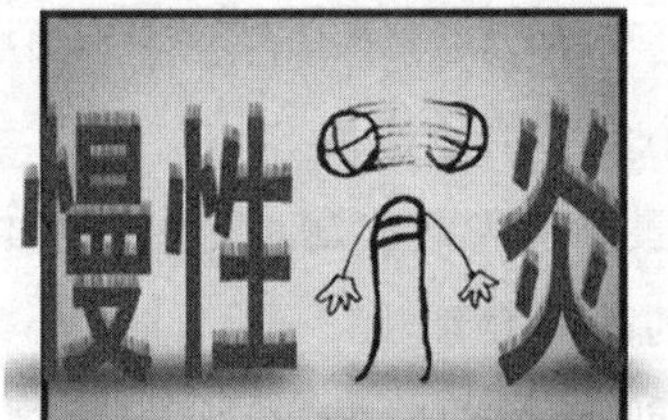

男声：慢性胃炎。

“胃”字形小人急忙撒腿跑，却又被一巨大的“酸”字挡住去路，小人一个急停，吓得一身冷汗。

男声：胃酸过多。

画面　　　　**声音**

这时，从画外飞来两粒“谓芪奥”药片，像炮弹一样击中“酸”字，“酸”字立刻像溶化一样瘫了下去。

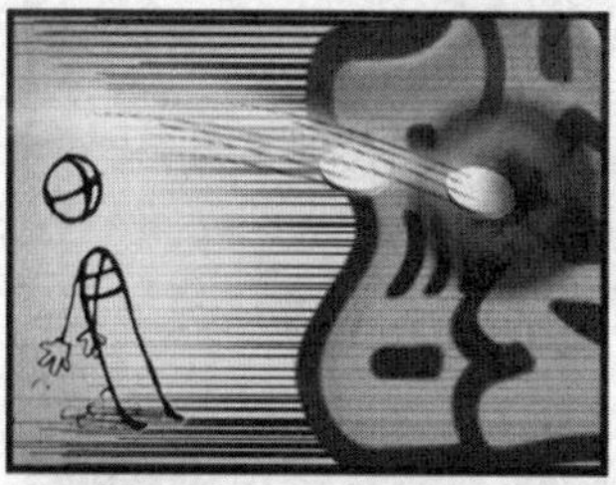

请用谓芪奥

谓芪奥的氢氧化铝与三硅酸镁成分中和胃酸，强力杀灭幽门螺杆菌。

紧接着，两粒“谓芪奥”药片又像炮弹一样击碎“溃疡”二字。

它富含维生素 U，能促进胃肠道黏膜创伤面的修复、愈合。

“谓芪奥”药片又把“痉挛”二字追得落荒而逃。

颠茄流浸膏止痛、止呕吐、止痉挛。

一道亮光闪过，“谓芪奥”药盒从天而降，将“慢性　炎”三个字压碎。“胃”字形小人欢呼雀跃。

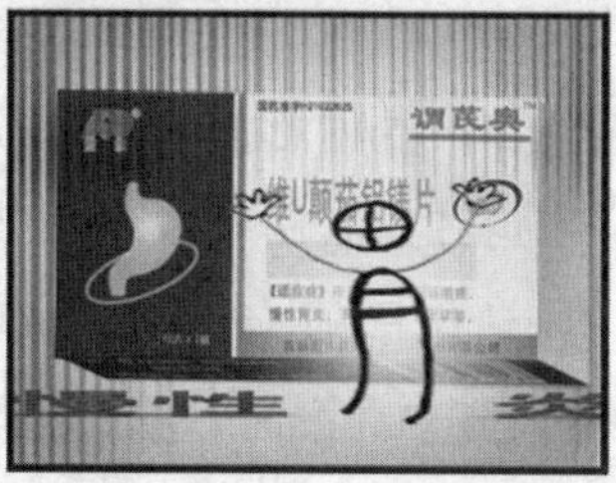

动效。

画面

"胃"字形小人化入药盒，与"谓芪奥"的"谓"半边重叠。

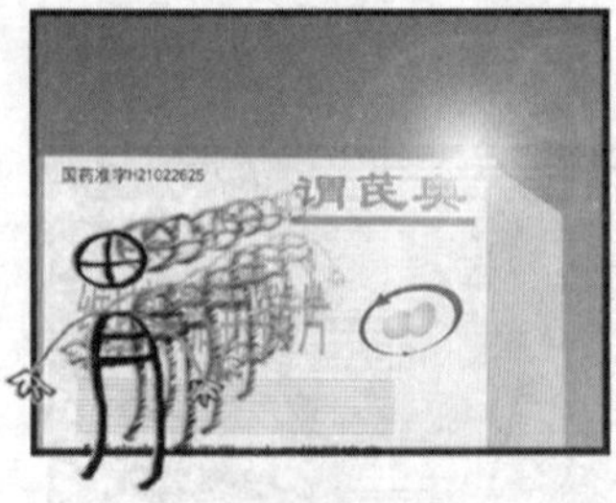

动效

广告语

广告语：谓芪奥，战胜胃病

出标板

音效

图7－1　手工绘制的故事板(周古月绘制)

(2)照片拍摄

一些公司为了更逼真地表现出广告创意,会找演员在一些场景里进行表演,并用相机拍摄下来制作成故事板。用这种方法制作故事板效果固然不错,但因为要请演员、制作场景、请导演、购置道具、请摄影师,会耗资不菲,并且制作周期会很长。因此,只有实力雄厚的大公司在给大客户提案时,才采用这种方式制作故事板。

(3)图片素材合成

把一些图片素材通过电脑合成,制作成故事板。采用这种方法,寻找合适的图片素材是一个令人头痛的问题,在制作的过程中还要对一些画面进行必要的修改。用这种方法制作故事板也需要较长的时间。与拍摄照片比较起来,这种方法比较省钱,而且如果做得好,其效果可以与前者媲美。图 7-2 是图片素材合成的故事板样本。

镜头 01

画　面 (小全景) 宽敞明亮的客厅,一缕清晨的阳光洒在客厅内,一位精神矍铄的老人正在聚精会神地收看数字电视中的电子政务。		音　乐 温馨的音乐起。	对　白

镜头 02

画　面 (小全景/切) 活泼可爱的小孙女喊爷爷吃早饭。		音　乐 温馨的音乐。	对　白 轻脆的女童声:爷爷,吃饭啦!

镜头 03

画　面 (近景/切) 爷爷走向餐桌,脸上带着满足的表情。		音　乐 温馨的音乐。	对　白 爷爷十分满意的语气:“这数字电视还真不错,前两天我给区里提的建议,今天的电子政务就有结果了。”

镜头 04

画面		音乐	对白
(近景/切) 儿子端着一杯牛奶,满脸开心的笑容。		温馨的音乐。	儿子高兴地说:“可不嘛,股市信息、汇市行情随看随有。”

镜头 05

画面		音乐	对白
(近景/切) 儿媳妇把一杯豆浆递到老爷子面前,自己端起一杯牛奶。		温馨的音乐。	儿媳妇说:“一个月只花几块钱,就能看没有广告的节目。”

镜头 06

画面		音乐	对白
(近景/切) 小孙女手里拿着刚沾过牛奶的饼干,听到说数字电视,顾不得全部吃下去,也要发表一下自己的意见。		温馨的音乐。	小孙女嘴里含着饼干说:“我还能看好多好多卡通片。”

镜头 07

画面		音乐	对白
(近景/切) 奶奶帮小孙女擦掉嘴上的饼干屑,对全家人说……		温馨的音乐。	奶奶关切地说:“看天气预报也特方便,随点随有,说今天有雨,你们出门啊,都记得带伞!”

镜头 08

画　　面 （小全景） 一家人其乐融融的全景。		音　　乐 温馨的音乐。	对　　白

镜头 09

画　　面 （标版/淡入） 三维特效标版：歌华有线 LO-GO/广告语：歌华数字电视，情系美好生活。		音　　乐	旁　　白 （画外音） 浑厚的男声：歌华数字电视，情系美好生活。

图 7－2　利用图片素材制作的故事板（周古月制作）

(4)照片拍摄和图片素材合成相结合

在画面素材不合适或者不够用时，就需要用相机拍摄一些人物动作和场景，再与已有的画面素材一起进行电脑合成。图 7－3 是用这种方法制作的一个故事板，其中的男女演员都是用相机拍摄的。

画面

一位身穿制服的电车司机，
面对镜头露出幸福的微笑。

声音

音乐起

现场音效

镜头拉开，电车司机驾驶着无轨电车，迎着朝阳，行驶在繁华的大街上。

音乐继续

现场音效

一位电影放映员，面对镜头露出快乐的微笑。

音乐继续

现场音效

镜头拉开，夜晚，乡村露天电影院，电影放映员架好放映机，一束明亮的光束投射在银幕上。

音乐继续

现场音效

画面

一位年轻的电梯女工面对镜头，露出亲切的微笑。

声音

音乐继续

现场音效

镜头拉开，电梯女工礼貌地点头微笑。大厦的观光电梯快速地上升。

音乐继续

现场音效

一位电气工程师，面对镜头露出自豪的微笑。

音乐继续

现场音效

镜头拉开，电气工程师身后的大型机电设备正常地运转工作着。

音乐继续

现场音效

画面

一位电气照明师，面对镜头露出喜悦的笑容。

镜头拉开，电气照明师操作开关，大型体育场里灯火辉煌。

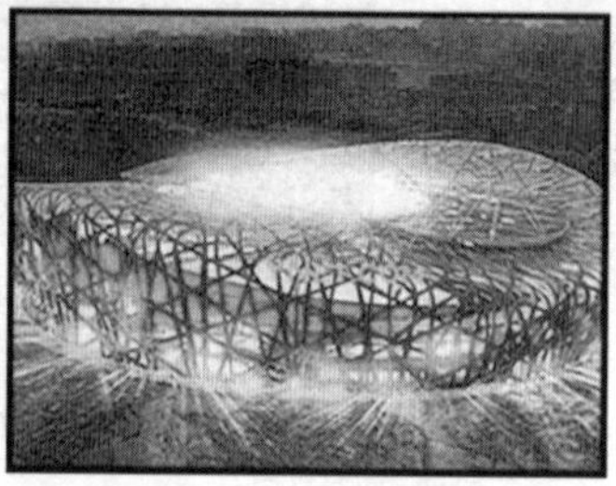

音乐继续

现场音效

出标板：奉献光和热，幸福你和我

音乐高潮

画面动效

出大唐公司的三维标准标识

音乐结尾

图 7-3　照片拍摄和图片素材合成制作的故事板(周古月制作)

(5)使用故事板电脑软件制作

科技的发展又一次为广告业提供了得心应手的有力工具。多媒体故事板软件为简化故事板创作程序提供了方便。这个软件预先内置了人物、道具和背景元素，这些元素可以嵌进故事板中。软件的“画面合成”功能使得用户可以迅速有效地创作故事板画框并分别按照它们各自的顺序进行安排。其他故事板软件提供一系列影像、图形、音响、正文、受众互动、色彩和字体等创作素材。它们不仅为客户、也为创作人员提供了一切必备的功能，许多书写软件如 Adobe Premiere 可以使用户合成视频、图片、音像和正文，进而创作出广告。该软件还能帮助用户在计算机里预览广告的播出效果。

复习题

1. 撰写广告文字脚本时，要注意哪些问题？

2. 制作故事板要注意哪些问题？

练习题

1. 以“创新”为主题，创作一则30秒的公益广告，写出该广告的文字脚本和创意说明。

2. 挑选出你最喜欢的三支广告片，临摹出它们的故事板。

3. 把本章列举的那则以“创新”为主题的30秒公益广告，制作成故事板。

第八章　用胶片还是录像带

在前期拍摄时，是选用电影胶片还是电视录像磁带，看起来事关预算的多少？预算足够多，就用胶片拍，预算少就用录像带拍。其实，这并不是问题的实质，问题的实质是，你要拍什么样的广告。

一、胶片拍摄

无论现在还是未来，胶片的最重要特色是在其感光乳剂独具的记录、储存及再复制功能。而且无论是用现有的或任何预想得到的影像构成方式，胶片均能精准且大量地处理对光线有高敏感度的图像素材。

拍摄影视广告的专业摄影机业一般使用 16mm、35mm 和 75mm 的胶片，但是在广告摄制中最常使用的是 35mm 胶片。75mm 的胶片虽然画质最好，但只有那些预算几乎没有上限的全球跨国企业，在拍摄广告时才会考虑使用 75mm 胶片。

1.35mm 胶片拍摄

35mm 胶片最擅长捕捉光影的色调变化以及彩度、色度的微妙差异，在拍摄一支需要出现食物特写镜头的广告时，由于对光线细密的吸收能力，35mm 胶片可以拍摄出一幅幅令人垂涎欲滴的画面。在一位娴熟的电影摄影师手里，35mm 胶片可以拍摄出真实生动的场景。在后期制作时，把 35mm 胶片拍摄的画面输入电脑里，其数字化的产物将有更惊人的真实感。

另外，35mm 胶片的底片宽容度比 16mm 胶片更大，其景深变化就显得更加精确。如果要拍摄一个处于旋转状态的产品特写，具有三度空间感的 35mm 胶片将会带来不可思议的绮丽光泽。

正如上面所说，使用 35mm 胶片拍摄的缺点大都和制作的经费与时间有关。使用 35mm 胶片的拍摄需要一个比较庞大的拍摄团队，这个团队最精简也要 20 个人，这是个由专业人士组成的团队，他们大多经验丰富、技艺精湛，因此身价也不菲。而且，因为 35mm 胶片拍摄所使用的器材相当庞杂，通常要耗很长的时间搭景与架设灯光。

图 8－1　摄影机

2.16mm 胶片拍摄

16mm 胶片出现在第二次世界大战期间,在追求更低摄影成本的考虑下,它很快就被各方人士青睐。美国陆军在 1941—1945 年间进一步发展了 16mm 胶片后,获得广泛使用。

使用 16mm 胶片拍摄的重要优点就是其感光速度更快,需要的工作人员也更少。对于拍片子而言,轻便一直是你需要考虑的重要问题,而 16mm 胶片的拍摄器材正好为你解决了这个问题。通常像陡降滑雪那种带动作的摄影,最适宜由安装在滑雪盔帽上的 16mm 胶片摄影机来拍摄,甚至或者可以由滑雪人员自己拍摄。

使用 16mm 胶片拍摄的一大缺点是它的底片与 35mm 胶片比起来小得太多了,如果需要准确曝光的话,得花很大的功夫,而且摄影师必须是个熟练的老手。此外,16mm 胶片颗粒较粗也是其一个缺点,但其与 35mm 胶片比起来,拍摄成本要低很多。

二、录像带拍摄

1.普通数字摄像机拍摄

虽然胶片拍摄在目前的广告圈很盛行,但录像带仍有其用武之地。

摄像机的租金、录像带的价格、摄影师和灯光师的酬金等都要比胶片摄制低很多,而且录像带拍摄没有底片冲洗和胶转磁的环节。因此,录像带拍摄比胶片拍摄预算少,是个不争的事实。

当拍摄一支既直接又简单的广告片时,录像带是一个很好的选择。在拍摄过程中,可以随时查看到不合适的镜头,并能立即喊停并重拍,更可以把那些不要的镜头直接抹掉,作重复拍摄使用。

当广告影片想要一种即时性或新闻采访风格时,录像带也是一个明智的选择。一般认为未加工的画面原貌能凸显影片的即时性和新闻报道感觉,使广告更令人信服,也更具说服效果。如果整支广告影片只需要一个镜头画面完成,并且没有推拉摇移等运动拍摄,也可以考虑使用录像带拍摄。

录像带的另一优点则和灯光有关,录像带比电影胶片对微弱的光线更敏感,用录像带拍摄时,每次只需架设少量的灯光设备,既省钱,也节省了大量的拍摄时间。

录像带拍摄可以省去胶片的冲洗、胶转磁等环节,因此它的制作效率高。如果广告播出的时间非常紧迫,一支录像带广告可以当天拍摄,当天夜里完成剪辑,第二天即可在电视台播出。

由于录像带拍摄具有价格低的优点,在地方城市和大型社区电视台投放的广告影片,有相当数量是使用录像带拍摄的广告。

当然,与胶片相比,录像带的缺点也很明显。录像带的色彩及细部画面饱和度匮乏,若要制作食品特写或以产品外貌为主要画面的广告,只有胶片有此优势。录像带的另一个缺点是在视觉感受上虽然很清晰,但是太过于冷峻。基本上,大多数的录像带摄像师是工程技术人员,而不是那些用电影胶片拍摄的艺术家,这也是录像带几乎每个镜头画面里的场景及灯光常会逊于胶片的原因。

图 8－2　摄像机

2. 高清摄像机(High Definition camera)拍摄

在影视的发展历程里,技术常常发挥着举足轻重的作用,一项技术的发明诞生常常会改变以前的游戏规则。近几年在数字化浪潮下,高清摄像机(High Definition camera)的使用在影视行业刮起了一阵强劲的旋风。一些好莱坞影片放弃胶片,改用高清摄像机拍摄,在减少拍摄预算和提高制作效率的同时,更能满足时下方兴未艾的数字影院和高清电视的播放需求。(高清拍摄的影片在制作完成后,也可以通过磁转胶的工艺,加工成胶片电影在普通影院放映。)国内一些低成本影片和以前使用16mm 胶片拍摄的电视电影,也纷纷使用高清摄像机拍摄。高清拍摄确实正在改变影视的制作形态。

高清摄像机最大的优势是,使用磁带拍摄,摄制成本低于胶片,但拍摄出来的画面接近胶片拍摄的效果。因此,当广告摄制预算不足于使用 35mm 胶片,但又要追求胶片的效果时,高清摄像机是一个极佳的选择。但是,高清毕竟不是胶片,它摄制的一些画面效果虽然普通观众看起来和胶片无异,却逃不出专业人士的眼睛。而且在一些细部画面的拍摄效果方面,高清还是不如胶片。

(1)高清摄影应注意的事项

在进行高清摄影时,色彩还原和对焦准确是最重要的问题。外景拍摄时,在现场要使用至少 20 英寸以上的监视器,以便随时对画质进行准确的监控。虽然在后期制作时,能够对色彩等进行完善,但是不能像胶片拍摄那样在胶转磁时对画质作很多调整,所以切记要在拍摄现场对高清拍摄所要求的所有环节一一进行确认。

在棚内拍摄时,高清拍摄的要求更高,从服装、化妆、道具,都要更加细心,准备得更加细致。高清摄像机对光比较敏感,所以只需要使用胶片拍摄时灯光的 1/3 就可以了,不过相应地要注意布光技术。高清摄影时,摄影师非常重要,它既要通晓高清摄像机各项功能的操作和画质控制,还要对灯光等相关拍摄设备有一个整体的了解。

(2)高清摄影的优势

①可以在现场把握画面的画质。

②可以长时间地进行拍摄。

③不需要胶转磁。

④画质较普通摄像机要好。

⑤对光的敏感度高,在光线较弱的情况下也可以进行拍摄。

⑥机动性比摄影机好。

为了对高清摄像机的功能有一个大致的了解,下面以 Panasonic AJ HDC27F 型高清摄像机为例,对其相关功能进行必要的介绍:

Panasonic AJ HDC27F 型高清摄像机功能介绍

◆ 方便的 GAMMA 设定

高清摄像机 GAMMA 的调整有以下几种情况:第一种是采用固定的 GAMMA。THOMSON 的 VIPER 就是这种情况,它在 HD STREAM 的情况下采用适宜高清电视播出的 GAMMA 设定,而在 FILM STREAM 的情况下采用数字电影的 GAMMA 设定,且这两种 GAMMA 值是不能改变的。第二种是可任意调整的 GAMMA。SONY HDW F900 以及 SONY HDW 750P 等 SONY 高清系列属于这种情况,用户甚至可通过软件向摄像机输入自己绘制的 GAMMA。第三种是将二者的设计理念融合,既相对固定,又可做一定的调整。Panasonic AJ HDC27F 采用了这样的设计,固定不变的 GAMMA 在使用时简单可靠,但是不能够在前期拍摄时看到调整的效果,这给导演和摄影带来了一些不便,而任意可调的 GAMMA 变数太多,在对机器不熟的情况下容易出现不知所措。Panasonic AJ HDC27F 正是考虑到这些情况,采用了相对固定的视频 GAMMA 和电影 GAMMA,需要传统电视画面的感觉,采用视频 GAMMA,需要电影画面的感觉或转胶片,采用电影 GAMMA。在此种选择之后,如果还有不满意的地方,再在此基础上做一些调整便基本能够满足绝大多数场景的需要。

◆ 大的动态范围

Panasonic AJ HDC27F 在采用 FILM GAMMA 时有两种选择,一种是 VIDEO REC,另一种是 FILM REC。选择前者,拍摄的画面在电视上观看时具有胶片的影像感觉,而选择 FILM REC 则是为了转胶片。在 FILM REC 的模式下,选择使用 500% 的动态范围,就可以最好地记录亮部的细节。通过不同机型的对比实验发现,在硬盘上记录的 Panasonic 27F 摄像机输出的画面有最好的亮部表现。另外还发现,如果选择 200% 的动态范围,影像的亮部再现与 VIDEO REC 很接近,这说明 FILM REC 的模式较 VIDEO REC 的模式要高出一挡多的动态范围。

◆ 类似胶片摄影机的功能设计

①行进中的变格拍摄功能 Panasonic AJ HDC27F 能够以 60 帧/秒进行高速拍摄,还能够以 4 帧/秒到 60 帧/秒中的任何帧数进行拍摄,目前应用的高清摄像机只有它能够做到。在拍摄中,用 4 帧/秒和 14 帧/秒拍摄运动的物体能够得到一种特殊的视觉效果。另外,不仅如此,它更有像带有电子快门的 ARRIFLEX 和 ARRICAM 系列胶片摄影机在行进中变格拍摄的功能,在变格拍摄过程中通过电子快门自动进行曝光

补偿。

②类似胶片摄影机的操作都是在 FILM REC 模式下进行的,因为这一模式就是为电影设计的。在此模式下,电子快门是以叶子板开角表示的,其意义完全与电影摄影机一致。色温以灯光(Tungsten)和日光(Daylight)表示,与传统摄影中的灯光型胶片和日光型胶片相对应(在其他模式下,27F 仍然采用传统摄像机的 3200 与 5600 的色温表示法)。并设计了通过镜头的点测光功能,可以测出画面中心点的亮度电平,这一功能类似传统电影摄影用的点测光表,这样,在没有监视器的情况下,配合使用斑马纹,摄影师也能够精确曝光。为了更好地跟焦点,27F 机身上专门设置了拉皮尺的挂钩,这是一个虽然简单但非常人性化的设计。还有,27F 可以将录制按钮设置在机身左面的用户设定按钮上,这也类似与传统的胶片摄影机机身左面的开机按钮(SONY 高清系列在机身左面也有用户设定键,但是采用的是拨动开关的形式),所有这些都非常符合电影摄影师的操作习惯。

◆ 完备的功能设计

27F 为摄影师考虑得非常周到,除了一般高清摄像机所具有的影调色彩的调整功能外,它还设计了许多具体实用的功能,节省了购置功能附件的成本。

◆ 自动间歇拍摄功能

在拍摄外景时大量采用了间歇拍摄的方式,可以体现云的运动和光线的变化。

◆ 手动间歇拍摄的功能

摄影师根据自己需要的不均匀间隔时间进行拍摄,与自动间歇拍摄相比有一定的灵活性。

◆ 重录功能

如果拍摄一个镜头出了错或是完全不能用,一般来说,我们会顺着磁带再拍,直到满意为止,但是这样不能用的镜头实际上会浪费很多磁带。正是考虑到这一点,27F 设计了重录功能,开启此功能后,27F 能够寻找磁带上已录的最后一个镜头的起始点,之后再进行录制的话,新的内容就会覆盖原来最后一个镜头的内容,从而节省了磁带,这在长镜头拍摄时尤其见效。

◆ 倒像功能

为了能够利用丰富的 35 mm 电影镜头资源,摄影师可以采用镜头转接器将其与高清摄像机相连,但是此时的影像是倒置的,因此需要倒像电路将其纠正。27F 出厂时内置了此功能,为使用传统电影镜头提供了条件。

(注:高清摄像机的机身上有"HD"的字样,普通数字摄像机则无此标识)

复习题

1. 使用35mm胶片拍摄广告的优势是什么?

2. 使用录像带拍摄广告的优势和不足是什么? 什么样的广告适于用录像带拍摄?

练习题

搜索一下电视频道,尝试辨认一下哪些广告是使用胶片拍摄的,哪些广告是使用录像带拍摄的,它们之间有什么不同?

第九章 去提案

在广告公司,提案是一件让人紧张和激动的事情。任何公司都会对提案全力以赴,因为这关乎前期所有努力的最终结果,关乎这单生意的生死成败。广告公司相关部门的主管,包括公司的总经理,都会亲自参与提案的准备工作,他们会对提案的内容仔细研究,并给予必要的指导和帮助。正式提案之前,公司内部对创意、故事板和大致预算进行的讨论,将对未来的提案大有裨益。

一、广告公司内部的审核

当创意和制作方法已经确定,并且感到已经尽了最大的努力,它们对创意团队来说,已经接近尽善尽美时,就要把它们拿出来,让公司其他部门的人员来进行审核。每个创意人员都把创意当成自己的亲生孩子一样,觉得它是天底下最好的,因此,有时会容不得别人有丝毫的批评,觉得别人不懂自己的创意,是无理取闹或者无端指责。这在初入行的年轻人身上比较常见,一些历经多年磨练的资深创意人员有时也难以克制这种心态,把一些批评意见视为"挑刺儿"。这种通常被称为有些"自恋"的情结,可以理解,因为毕竟像母亲十月怀胎那样为创意的最终成型付出了很多辛苦,对一些看似吹毛求疵的意见难以接受。但这又是一种非常情绪化的做法,需要进行控制和改正。要记住,广告最根本的功能是贩卖,对创意也是如此,创意好与不好,能否被接受,最终还要取决于别人的认同,对客户提案时尤其是这样。当然,无论是对公司内部人员或者客户,你在贩卖你的创意过程中都不是消极被动的。

在你的创意与大家见面之前,针对自己的创意,必须要再仔细考虑以下的问题:

(1)你做这个创意的目的是什么?

(2)你的创意足以实现以上这些目的吗?它是怎样实现的?

(3)你的创意与竞争品牌的广告相比,它有什么优势?

(4)符合客户整体的广告战略吗?

(5)是否有可能把此广告发展为系列广告?

1. 广告的目的

该广告的目的是什么？要完成什么样的信息传播任务？是为了提高产品的知名度？为了提升产品的美誉度？为了树立产品的品牌形象？为了传达产品独有的功能？或者是为了提高产品的市场占有率？以上这些任务不可能在一支只有几十秒钟的广告里同时完成，但根据客户的要求，广告至少要达到其中的一个目的。否则，即使创意再伟大，也只能是创意人员的一厢情愿，要么客户不会接受，要么根本不会起到任何效果，白白浪费客户数额庞大的摄制和投放费用。

在内部对创意进行审核时，往往客户人员（AE）看起来总会与创意人员作对，他们很少夸赞创意人员的劳动成果。这是因为他们深恐客户对创意不满意而失掉这单生意，这样他们就不会有业务上的提成（提成的数额通常不菲），而且会影响他与该客户其他方面进一步的合作。再者他们与客户的交往比较多，他们知道客户的口味和一些内幕情况。比如，企业的总经理有一个活泼可爱的小女儿，假如创意的情节设置中有这样一个角色，并得到暗示如果由总经理的小千金出演该广告片时，该创意被客户通过的可能性极大。但创意人员对此不予理会仍我行我素地进行创意，结果创意的情节中没有该角色，那么最后客户人员会有什么样的反应就可想而知了。还有一个因素也是造成客户人员和创意人员产生冲突的原因，那就是许多客户人员并非广告专业出身，甚至他们在入行广告公司之前从事的是跟广告毫无关系的行业，他们对创作人员拥有的广告专业知识既有些嫉妒也有些许的瞧不上，他们会想如果不是他们争取来客户，那些专业知识又有什么用呢?! 而创作人员也常常以自己的专业背景自觉不自觉地视客户人员为一些“无知之辈”，这种因专业知识的有无形成的微妙关系，就造成他们二者之间的心理抵触，这种抵触为他们之间的正常沟通产生了障碍，这样冲突就难免会时常出现。其实，客户人员和创作人员应该是亲密合作的伙伴，如果广告公司有良好的企业文化，就会消除两者无谓的抵触和冲突，为他们创造一个鱼水相融的良好合作氛围。

但无论如何，在广告公司的内部提案中，创作人员要做好被其他部门人员“挑刺儿”的心理准备，要知道，正式向客户提案时，那些要用自己的血汗钱投拍这支广告的客户们会更加苛刻和不留情面。如果创意连公司内部的审核都通不过，那它被客户通过的概率几乎为零，而最终的结果是大家白忙乎一场。

也有这样的情况，一些第一次拍摄影视广告的客户也许会沉浸在创意所展示的艺术氛围之中，而忽视这支广告的真正目的，并视广告公司的创作人员为艺术家，生怕自己的一些疑问提出来会被人以为不懂艺术，而不去讨论一些本质性的问题。但这样的客户如今越来越少，相反，那些在长期的商业竞争磨练中，把最终效果当作第一要素的企业家们往往会把创意的所谓艺术性看作是不重要的，广告是否能达到目的，是否能实现广告的目标，则是他们首先要考虑的。所以在广告公司的内部审核中，创意是否符合客户整体的广告战略，能否实现广告目标，与竞争品牌的广告相比，它是否更有杀伤力等等，都是重要而不可回避的问题。

在这里，有必要再次重申，广告是以艺术的手段实现商业的目的，切不可本末倒置，不允许在广告影片中由于所谓艺术的需要而对产品信息有丝毫的误导，这种误导是造成客户广告费浪费的罪魁祸首，常常会给客户造成不可估量的损失。

在广告公司的内部审核中，如果发现在实现广告目标这方面有任何的偏差，都要马上进行修改，直至确保创意在这方面万无一失，否则在正式提案时就会面临被淘汰出局的危险。

2. 关于系列广告

如果能给客户的产品做一个系列广告，那就意味着你的创意的力量足够强大，并且比较新颖有趣，可以像成功的影视系列剧那样不断吸引观众去看却不会产生"审美疲劳"。在这方面有许多成功的案例可以参考。柯达胶卷曾经采用广告歌曲的形式，拍摄了一幕幕温馨的生活画面，制作了很成功的系列广告影片。日本日清牌方便面，曾经用动画的形式表现原始人在极度饥饿时所发生的有趣故事，做了多个系列广告，不但极具销售力而且在嘎纳广告节获奖。索尼的"随身听"也曾经使用一只大猿猴做了一个系列广告，并都在嘎纳获了奖。在该广告中，与现实生活中的情况相反，不是人在使用"随身听"，而是一只可爱的猴子戴着耳机在空旷的山谷中欣赏索尼"随身听"播放的动听音乐。两支广告片中，都是这只猴子戴着耳机陶醉在索尼"随身听"播放的音乐之中，只不过播放的音乐曲目不一样而已。这个系列广告的创意和制作都非常巧妙，而且极有可能这两支广告是一次拍摄完成的。

如果要制作系列广告，那么创意中的一些元素就要具有延续性，这些元素包括故事、人物、音乐、场景和氛围等，比如像上述日清面广告里原始人饥饿时发生的故事和索尼"随身听"中的主角猴子。这些能够延续的元素成为推动广告发展成为系列广告的动力，同时也成为广告的一种标识，观众甚至不用看完整支广告，只看广告的开始部分，就能知道这是日清面广告，这是索尼"随身听"的广告。麦当劳的系列广告中，可爱的麦当劳大叔发挥了这方面的作用。

自从 1979 年中国出现电视广告以来，本土广告公司和本土企业鲜有成功的系列广告的案例,这跟急功近利和缺乏长远规划的广告策略大有关系。国内某品牌的饮料曾经制作了一个系列广告,使用初出茅庐的孪生歌星边歌边舞为其饮料做广告,第一支广告是孪生男歌星,第二支广告是孪生女歌星。“孪生”可以成为一个具有延续性的元素发展下去,不同年龄,不同种族,足以产生一个大的系列广告,当这些广告播放时,观众只要一看到孪生的人物就会马上联想到该品牌饮料,甚至在生活中看到孪生的兄弟姐妹就能想起该饮料。这本该成为一个大创意的广告,但是在播出第三支广告片时,孪生的元素在片子里烟消云散,而是对一些可乐饮料促销广告片的拙劣模仿,让人对一个本土经典系列广告的期待就此结束。

国内某著名电子产品企业,相信影视巨星的影响力,从其第一个产品面市开始,基本每一个产品都不惜投入巨资,坚持使用大牌明星做广告,据说效果很好。这一广告策略具有系列性,但与我们平常所说的系列广告是两个概念。我们平常所说的系列广告,是指针对同一个产品或品牌,利用创意中具有延续性的同一元素制作的一系列广告。

做一个成功的系列广告,应该成为一个广告人的光荣和梦想。从传播的角度讲,它保证了产品信息传播的一致性和传播强度;从生意的角度讲,系列广告是广告公司、制作公司和企业多方共赢的一种商业模式。

3. 提案的内部演练

在给客户提案之前在公司内部进行一次真实的演练,将会对提案顺利、有效地进行大有帮助。特别是对一些大的客户和大的案子,进行一次逼真的演习绝对必要。在演习中,客户方扮演人员可以是公司的内部人员,也可以外聘人员“客串”。外聘人员“客串”更加逼真,但他们一定要是与广告相关的人士才行,否则他们就不容易进入角色,而问一些不关痛痒的问题,使人啼笑皆非。

除了提案内容要真枪实刀地演练之外,一些技术性细节,比如投影仪、电脑、MP3和CD播放器的正常使用,也要演练一遍,以保证到时不会有故障发生而节外生枝,这些看似很小的细节如果出现问题常常会破坏现场的气氛,给提案的效果打些折扣。试想,一个原本很好的提案却因为这些故障而不停地说:对不起,会是一个什么样的情景呢?

关于提案时每个人的表述程序和节奏,还有提案时的礼仪,也是要重视的问题。这里,我要再次重申,广告是服务行业,任何环节的漫不经心都有可能失掉一笔生意,而与此相反,对每一个环节的精心准备常常会有意想不到的收获。国内一家知名的广告公司,在对一家著名企业的综合代理业务提案时,非常重视提案前的演练,除了内容方面的演练之外,还专门聘请一家公关公司对提案的相关人员进行了培训,培训包括着装,发式,眼神交流,交换名片,对不同职位的人如何握手致意,说话的语调和节奏,不同发言者之间的衔接,等等,这使他们在提案时表现得彬彬有礼而很有风度,再加上他们的提案内容非常精彩,颇受企业老板的好评,其结果是,在得到这笔生意的同时,外加100万元的提案稿费,这样的提案效果堪称传奇!

二、给客户提案

给客户提案时的过程和要注意的事项,与本书第一章的竞标说明会基本一样,最大的区别是广告公司和客户在角色上的转换。在竞标说明会上,客户对一些情况予以充分说明和解释,广告公司进行提问;而在提案时,广告公司的提案人员成为表述的主角,企业人员对一些问题进行提问和质疑,另外,双方还要一起对创意中的问题进行必要的讨论。

总体来讲,对广告公司的提案人员来说,提案是一场表演,需要提案者用自己的激情和演说能力,对创意和未来广告影片的效果进行声情并茂的演示和展望,理性分析和情感渲染并用,最终打动客户接受自己的创意。在这一表演的过程中,除了电脑、投影仪和创意策略要等必要的硬件工具外,一些广告公司为了能让客户对未来广告片的效果有一个感性的认识,还会在现场播放事前准备的要为未来广告片配的音乐。这些音乐有的是从音乐资料库中选取的,有的是请人专门制作的。"未见其面,先闻其声。"这种方法起码能活跃一下现场的气氛,但切记不能放过多的音乐,否则会分散客户对创意本身的注意力,把提案会变成了音乐欣赏会。

这场表演要适可而止,不要表演过头,要知道案子目前为止还只停留在纸面上,最终的摄制效果因为方方方面的因素还是个未知数,因此不要过分夸大其未来的效果,否则客户在看了最后完成的影片后,就可能会对广告公司当初的允诺大打折扣,甚至留下被骗的感觉,而影响下一次的合作。正确的做法是,要向客户附带说明,故事板中绘制的画面是对未来摄制效果的示意,所放的音乐是表示我们在将来要使用与此风格相似的音乐。凡事要留有余地,并不一定是为摄制时的偷工减料找借口,这对双方都有好处。

在提案的过程中,纵然你在表述创意时表现得热血沸腾,也有一些看似“冷血”的客户方人员会对创意提出一些具有毁灭性的观点,他们会说“没听着感觉”,“没让我眼前一亮”等等诸如此类的话。他们对你的创意发表这样的意见,可能有两种原因。其一,你的创意确实如他们所说,水平一般没有能够打动他们。大客户由于多年做广告的经验积累,他们在广告方面见多识广,已经是半个广告专家,除非是顶尖级的创意,否则很难让他们心动。这种情况下,广告公司就要考虑如何进一步提高自己的创意水平。其二,发表这些毁灭性意见的人,由于各种原因,不愿客观地评论广告公司的创意,他们觉得在发表自己的看法时,只有毁灭性的否定观点才能显示自己有水平,况且自己这样说也不用负什么责任。只要在进行创意时下足了功夫,对自己的创意有充分的信心,遇到这种情况时,提案人首先声明“可能我刚才没有讲清楚”,然后不卑不亢地把创意的要点、“卖点”、独特之处等再简要地重复一遍,看看发表哪些意见的人有什么反应。对客户方一些看似的“刁难”的意见,不要表现得气愤,广告是服务业,在创意方面,即使遇到一些“无理取闹”的事情也要心平气和地对待,耐心和礼貌是提案时不可或缺的态度。

有一些客户对创意提出的要求,是由于他们不懂影视广告的特性,比如他们会要求在一条 30 秒钟的广告中加入过多的产品信息,这时就要告诉他们电视广告因为时间非常短,不可能承载过多的信息,诉求点过多会使这支广告看起来什么都说了,其实什么都没有说清楚,观众在看的时候,哪一个诉求点都记不住,最终使这支广告成为无效广告。也会遇到这种情况,比如广告公司为一个产品广告提供了三个创意,当然这三个创意运用了不同的表现形式,因此各有自己的特点和优势,客户会提出能不能把这三个创意的优势综合成一支广告。由于表现形式和风格的不同,绝大多数情况下这种综合是不可能的。这时就要告诉客户,短短的 30 秒钟广告里不可能同时使用好几种表现形式,即使勉强凑合成一支广告,这样出来的广告将会是一个“四不像”的怪物，风格不统一，支离破碎，从而影响观众对这支广告片的理解和好感度。

由于对自己的产品、市场状况和竞争对手非常了解，很多客户会对创意提出一些富有建设性的建议，这时就要考虑这些建议能否有效地运用到创意之中，并与客户进行充分的沟通。

总之，不能对客户的所有意见都唯唯诺诺，甚至阿谀奉承，这会被客户视为毫无专业技能的应声虫，客户最终能否把这单生意交给你就可想而知了。娴熟的专业知识，对创意的投入程度，对产品特性和广告策略的准确把握，对提案的精心准备，都将帮助广告公司提高提案的成功率。

不要期望客户当场拍板通过创意，这样的情况不是没有，而是极其少见。通常的情况是，提案会结束时，客户对广告公司的辛苦付出表示感谢，但对创意既不说好，也不说不行，他们要考虑一下再给答复。毕竟拍摄投资最终要由他们掏腰包，因此他们是非常慎重的。

提案结束前客户也会询问一下广告的摄制预算，这时可以告诉他们一个事前估算过的大致报价，并告诉他们准确的预算会仔细核算后报给他们。如果你的创意实际的拍摄预算会在 30 万人民币左右，客户问你 10 万元能不能拍摄，千万不要为了得到这单生意而当场满口应承下来，那会使你蒙受巨大的经济损失，而且很可能交不了“活儿”，最终使你的所有辛苦付之东流。遇到这种情况，要婉转地告诉对方有可能适当地降低摄制价格，但不会降得那么多，你会仔细核算后再作决定。

在对大客户提案时，由于他们选择的广告公司比较多，因此提案不会只进行一次，常常会有二轮甚至三轮提案。比如，总共有五家广告公司参加提案，在第一次提案后，他们会淘汰掉两家，其他三家公司在对创意进行修改后进入第二次提案。第二轮提案后会再有一家公司出局，剩下的两家参加最后的提案“决赛”，“惊心动魄”地进入第三轮提案。

提案越往后，摄制价格问题就越会成为关键的问题。而每一次对创意所做的修改都会或多或少地对摄制价格产生影响。

三、提案故事板格式

故事板提案常常使用 PPT(PowerPoint) 文件格式，这样可以在提案时使用电脑进行演示。有的广告公司在电脑演示的同时，也会把该文件印打出来交给客户方参与提案的人员，以便他们在讨论时能够自由翻看，并在提案结束后能进一步研究和留做资料。如果客户提出要求,也可以把故事板 PPT 文件的电子版拷贝一份留给客户。在知识产权日益受到保护的今天,大多数的客户会尊重广告公司的劳动成果,而不会发生剽窃广告公司创意的事情。

在制作提案用的故事板时一定要认真和专业,故事板的每个画面要标注上景别和镜头长度,每个镜头画面之间要注明镜头剪辑的方式。这样会有利于对未来广告影片效果的想象。故事板的文案部分要写得简洁、生动。创意说明也要写得生动而有感染力。如果你的提案内容已经包括该广告的摄制价格,那么在故事板后面要附上该广告影片详细的摄制价目表。除此之外,还要给故事板设计一个漂亮的封面,在封面上要注明客户名称,产品名称,广告片长度,媒体表现(使用胶片或者磁带),广告公司名称,提案时间等。在故事板的最后一页要用漂亮的字体写上诸如"谢谢大家"等表示感谢的话。广告公司依靠创意、设计和制作获得生意,如果连自己的产品制作都不够专业,又如何让客户相信你能够为他们制作出好的广告影片呢?因此,提案中包括故事板封面在内的所有细节都要表现得非常专业。

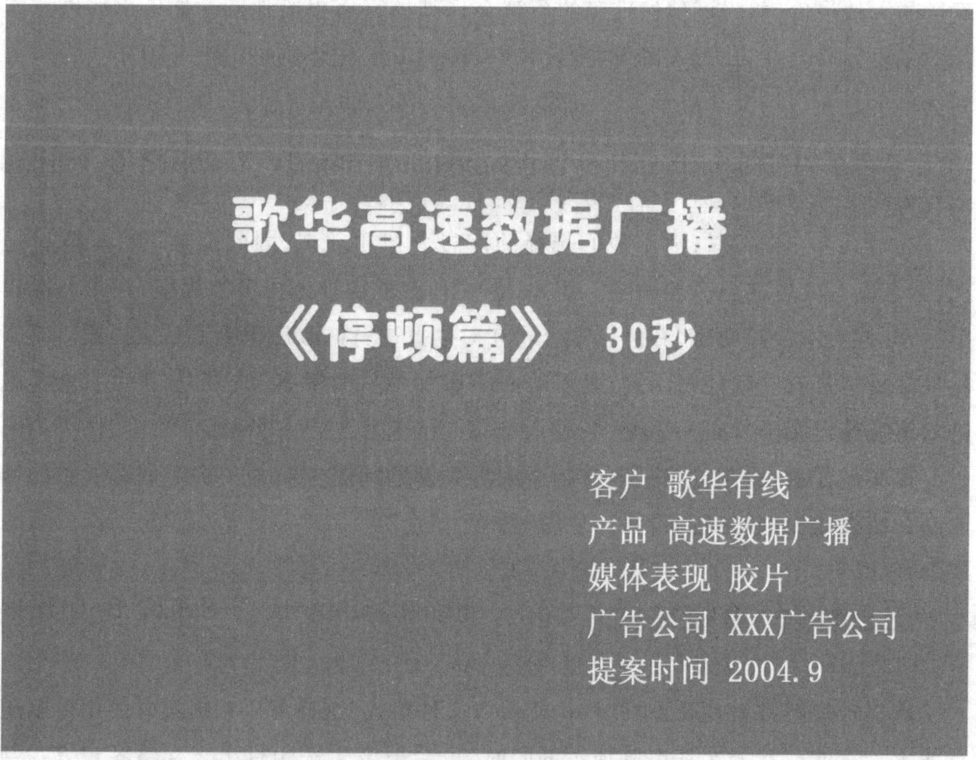

图 9-1 提案用故事板的一个样本

A 篇名:《决斗篇》

B 创意阐述

本创意通过城市中的一对恋人,同时在线观赏一部扣人心弦的足球大赛,以一种对比的手法,展现歌华高速数据广播视频传输速度快、不间断这一突出优势,同时,通过男孩儿急切地向女友询问罚点球的结果,表现出歌华高速数据广播的交互性功能(见镜头1-15)。

镜头01

画　面 (全景/渐入) 一场足球比赛正在激烈地进行中。		声　音 扣人心弦的解说。	对　白

镜头02

画　面 (镜头由全景拉开) 比赛现场呈现在电脑屏幕的视频窗口上。		声　音 扣人心弦的解说。	对　白

镜头03

画　面 (特写/切) 坐在电脑前的男孩儿已被紧张的比赛吸引,一名球员正准备罚点球。		声　音 解说继续。	对　白

镜头 04

画　面 （特写/切） 男孩儿全神贯注地盯着屏幕。 球员开始助跑。		声　音 解说。	对　白

镜头 05

画　面 （小全景） 点球罚出， 在这个非常关键的时刻，视频图像却停滞了。		声　音 音效。	对　白

镜头 06

画　面 （近景/切） 男孩儿急得抓耳挠腮，不停地敲打键盘。		声　音 男孩拍打键盘的声音和他焦急的叹气声。	对　白

镜头 07

画　面 （特效/切） 男孩儿非常着急，不停地在留言板上敲字： “球进了吗？!!”发送给在城市另一端，同时观看比赛的女友。		声　音 飞快打字的键盘声。	对　白

镜头 08

画　面 (特效到近景) 镜头迅速掠过城市的高楼大厦,锁定城市另一端的女友那里。	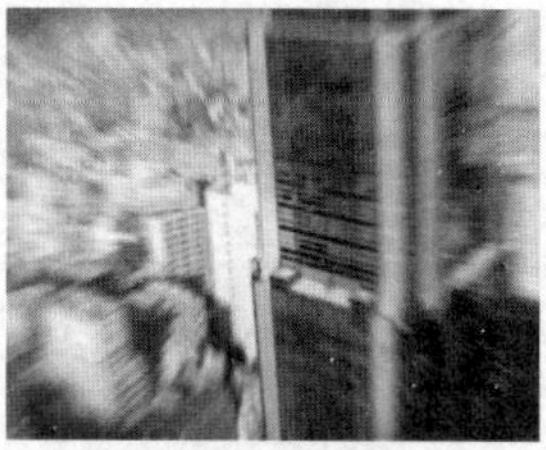	声　音 音效。	对　白

镜头 09

画　面 (特效到近景) 另一场景中,女友也在观看比赛。		声　音 扣人心弦的解说。	对　白

镜头 10

画　面 (全景/切) 电脑屏幕中,点球被扑出。		声　音 现场解说。	对　白

镜头 11

画　面 (特写/切) 女孩电脑对话框里“球进了吗?! 球进了吗?!”的询问密密麻麻接踵而至,女孩很开心地笑了。		音　乐 节奏欢快的音乐。	对　白

镜头 12

画　　面 （特效/切） 女孩在对话框里输入“想知道吗？ 还不快用歌华视频 F1,哈哈哈……”	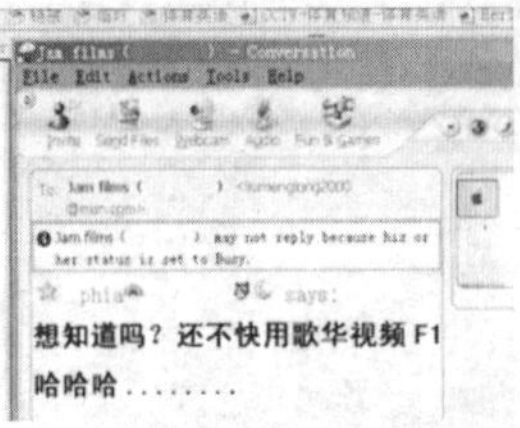	音　　乐 音乐继续。 女孩打字的动效。	对　　白

镜头 13

画　　面 （特效/切） 在男孩儿的电脑上，出现鼠标点击 www. digital – media. com. cn 网址的画面。		音　　乐 音乐继续。	对　　白

镜头 14

画　　面 （特效/叠画） 歌华有线数字媒体宽频业务平台的页面砰然出现。		音　　乐	对　　白

镜头 15

画　　面 （特效/叠画） 标版. 广告语：完美感官体验 尽在歌华视频 F1。		音　　乐	旁　　白 完美感官体验尽在歌华视频 F1。

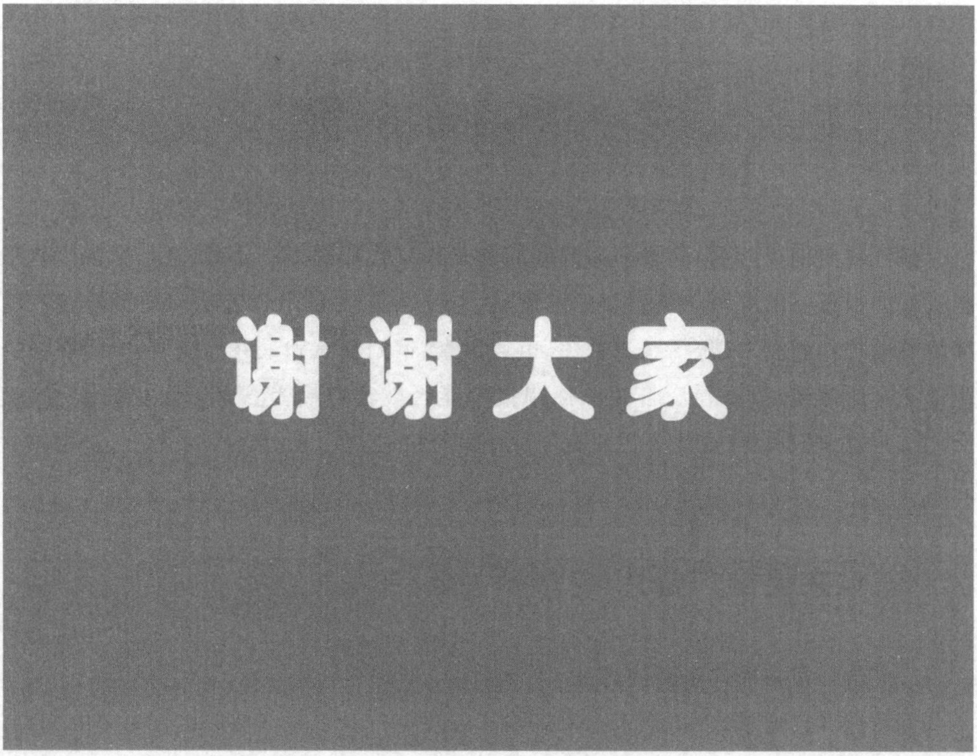

图 9－2　提案用故事板样本

复习题

1. 提案前,广告公司内部要对创意中的哪些问题进行审核?
2. 系列广告具有什么样的特征?
3. 提案的内部演练包括哪些内容?
4. 给客户提案时要注意哪些问题?

练习题

1. 把你喜欢的一支广告,发展为系列广告,并写出文字脚本。
2. 根据上题中的文字脚本,制作出该广告提案用的故事板。

第十章　报　　价

报价决定两个问题,广告公司的利润和未来广告片的摄制质量,这是影视广告摄制流程中很重要的环节。从生意的角度看,它直接影响着广告公司的经济效益。前期所有的工作和投入,包括客户公关、市场调查、策划创意和最终的提案,要想在经济回报上有所体现,都要看广告片的摄制报价能否被客户接受。而广告片的顺利"交活儿",也就是其摄制质量要足以保证通过客户的验收,同样需要足够的金钱做后盾。

一、谁来摄制广告片

1. 广告公司拍摄广告片的好处

创意被客户通过之后,谁来拍摄制作广告片呢?对于一些看似比较简单的创意,以前广告公司倾向于自己来拍,由公司的创意总监或者文案、美术人员出任导演一职,当然他们对影视拍摄有所了解,或者以前到拍摄现场观摩过广告的拍摄流程。摄影师、灯光师、美工等由公司之外的自由职业者(基本上摄影师、灯光师和美工都是自由职业者)充任,副导演、制片等由公司内部的其他员工充当。当前期拍摄完成后再找编辑机房进行后期制作。这样做的好处是,整个广告片的拍摄进度和预算都在广告公司的掌控之中,特别是看起来这种方式可以省下一笔不少的费用,因为除了摄影等自由职业者的劳务和后期编辑的费用外,其他人员因为是公司内部自己的员工,除了一些加班费之外,只把他们在广告片拍摄中的劳动付出当成日常工作的一部分,可以不必再付额外的劳务费。

2. 广告公司拍摄广告片的弊端

采用广告公司自己拍摄的方式有很大、很多的弊端,这些弊端加在一起常常会造成得不偿失的后果。首先,公司参与人员都不是影视广告摄制的专业人员,他们充任的任何角色都属于"玩票儿",虽然他们因为对广告拍摄兴趣盎然而有极高的工作热情,但广告片摄制的效率和最终质量无法保证。导演这个职业是需要经验和感觉的,感觉不到位或者经验不足都会直接影响影片的质量，而感觉和经验又不是一朝一夕能够获得的，它们需要一个长期积累和锻炼的过程。不要想当然地以为看了很多广告片，并多次观摩过广告的拍摄过程，就可以自己拍摄广告了，毕竟，美食家未必就是个好厨师。

职业的广告导演大都是自由职业者，他们不愿成为一个广告公司的领薪职员而束缚自己，广告公司养一个可能一、两个月才执导一部广告片的导演也不合算。你所聘请的摄影师、灯光师和美工由于是第一次和你合作，即使你和他们在开拍前的沟通很充分，在拍摄时你还是要和他们不断地磨合、调整，这会浪费很多本来没必要浪费的时间而影响拍摄效率。公司内部的人员大部分第一次参与广告拍摄，对一些流程和环节不甚了解，结果造成沟通上的障碍，因而也会影响拍摄进度。况且，由于公司的骨干力量和非骨干力量在拍摄前后都要全力以赴地投入其中，势必对公司的其他业务造成影响，或者是因为其他业务的牵扯而不能聚精会神地进行拍摄。

再者，也不一定能够省下广告公司所期望的拍摄费用。摄影师、美术师等那些自由职业者由于不确定你下一部片子还会找他合作，再加上他们认为他们有足够多的片场经验可以帮助"玩票儿"的公司内部导演，因此对自己的劳务会狮子大张口而死活不肯降价，而且他们会坚持自己助理人员的劳务也要广告公司出，否则他们就会在其他方面把这部分劳务给挣出来，这些人员的劳务费通常也不菲。在器材和场地租金方面，由于与这些公司没有长期的合作关系，他们也不会在价格上进行打折或者优惠。另外，由于经验不足，在拍摄过程中也会造成一些意想不到的不必要的浪费。

出于以上这些原因，现在大多数的广告公司都不再尝试着自己去拍摄广告，以前一些公司内部的制作部门也不存在了，他们会找专业的制作公司来承担这一工作，广告公司在其中出任片子监制的角色。从专业的角度出发，专业制作公司是摄制广告片的行家里手，正如广告公司是策划和创意的行家里手一样。从生意的角度出发，影视广告是一个产业链，必然会存在上下游公司，不可能一家公司通吃。所以，创意被客户通过，并确定了摄制价格之后，一般是由影视广告制作公司来拍摄制作广告影片。

二、摄制询价

询价的过程是一个寻找合适的制作公司和合适的摄制价格的过程。不同的制作公司擅长拍不同类型的片子,各有特色和优势。有的公司擅长拍食品广告,有的擅长拍洗涤用品广告,有的擅长拍汽车广告,有的精通摄影棚内的拍摄,而有的公司对外景地拍摄非常专业。因此,根据你的广告创意去和不同的制作公司联系,在同类型的公司中挑选出性价比最好的合作公司是询价的最终目的,这是一个复杂但有时又十分有趣的过程。

1. 如何寻找制作公司

你要根据创意和客户的要求(有时客户会要求片子必须拍成某种风格的)去拜访那些符合要求的公司,找到这些公司的管道有两种。一种是朋友推荐,他们和这些公司曾经有过合作,因此对他们的拍摄质量、拍摄风格、工作习惯和摄制价格都有比较准确的了解,而且因为有人为他们推荐了生意,这些制作公司可能会在价格方面有一定的优惠,并更加认真地对待摄制工作。这是一种比较省事和稳妥的方法,但并不意味着有朋友介绍就万事大吉了。朋友归朋友,生意归生意,朋友的引荐只是生意的开始,在以后对制作公司的考察和谈判阶段仍要严格进行,有些制作公司也会像其他生意人一样"杀熟儿"。

另一个管道是上网搜索和在电话号码簿中查找,初涉影视广告拍摄的公司在这个领域还没有足够的人脉,常常使用这种办法。这种方法存在着一定的风险,由于双方没有中间人的介绍,彼此更加陌生和没有信任感。广告公司怀疑制作公司是否有能力完成合乎客户要求的广告片,也怀疑广告预算能否合理有效地使用。对制作公司来说,他们第一怀疑这单生意的真实性,一些制作公司常会接待那些据说要拍广告片的广告公司,看了样片、询完价后就悄无声息了,这对制作公司并无多大损失,但却造成了他们这种怀疑的习惯。另一个不信任是广告公司最终能给他们多少预算,是否会拖欠应付的摄制款项。如果这种彼此怀疑在拍摄之前没有消除,就可以想象在摄制过程中会出现些什么乱子,最后完成片的质量会是什么样子。但有时也可能对双方来说都很幸运,彼此互讲诚信,坦诚相待,合作得很愉快,两家公司就此成了朋友,并长期合作下去。

2. 对制作公司的考察

在北京、上海、深圳和广州这些制作公司相对集中的城市里，很多制作公司实际上是以导演工作室的形式运作。除少部分制作公司会有一些后期编辑设备外，大部分的制作公司基本都没有摄影机、灯光器材和拍摄场地等硬件设施，甚至自己的家就是办公室，而他们的办公设备也就是电话、传真、电脑、电视机、DVD 机和录像机这些。制作公司不购置摄制设备是因为这些设备价格比较昂贵，平时的存放和保养也需要一笔费用，而且所有的设备在摄制时都可以从专业的器材公司租用。因此，对制作公司的考察，考察的对象不是他们的硬件设备，而是公司以前拍摄的作品，这些作品才能真正证明他们的拍摄实力。

不论是通过什么方式与制作公司取得了联系，看他们的作品集是必须要做的第一件工作。以前的作品集是把拍过的作品按时间顺序剪辑在录像带上，现在大部分制作公司的作品集都刻录在 DVD 光盘上，或者干脆存放在容量大的电脑里。作品集是制作公司的名片，他们要靠这招揽生意，因此制作公司的作品集现在也制作得越来越漂亮了，他们也会把一些拍片的花絮镜头剪辑到里面，以证明该条片子确实是他们拍的。也有把其他公司的作品剪辑到自己的作品集里，你会在两家制作公司的作品集里看到同一个广告，不要质问他们这支广告到底是哪家公司的作品，不动声色地问一下该片的导演是谁就可以了。

制作公司会用快递的方式把作品集交给你，或许约个时间在双方其中一家的办公室里观看。从效率的角度考虑，最好让他们把作品集快递给你，事先把作品集看一遍，以便确定该公司的制作水平和拍摄风格，是否适合自己的创意。如果你的创意是一个需要外景拍摄并且制作成本很高的广告，那么那些作品集里以摄影棚拍摄居多，擅长小成本制作的公司，就不是你下一步要合作的对象，而反之亦然。这种情况下，打电话谢谢他们提供了作品集，有机会的话下次再合作。大部分的作品集不用归还，制作公司有相当多的备份，因此希望你把它保存起来，以便真的有合适的机会时不要忘记他们，但还与不还应征求一下制作公司的意见为好。

经过选择之后，要对你认为合适的几家制作公司的作品集进行仔细的观摩，在看作品集时要对你特别感兴趣的片子做一下记录。

(1) 导演是谁？导演的实力怎么样？这是最考验眼力的事情。因为有的广告片看起来非常漂亮，那多半是摄影师的功劳。而有的广告片特别有冲击力，又有可能是后期特效和音乐起了很大作用。当然即使在这两种情况下，也有导演的贡献，并且在一些广告片的摄制中,很多情况下导演和摄影师是由一人担当。好的导演能够综合和有效地运用视听语言中的各种元素,并能使广告片在引发观众兴趣的同时,传达出产品信息,给人留下深刻的印象。有的广告片看着很热闹,很漂亮,但传达出的产品信息不够清晰或者不够强烈,以致于观众没有记住产品或者对产品信息产生误解,这样的导演即使再有艺术才华,也不是合格的广告导演,因为他忘记了广告片的根本任务是表现产品,而主次颠倒地表现起自己来了。

(2)摄影师是谁?摄影的功力如何?在看广告片时,后期特效和快速剪辑所产生的一些效果,很可能会使你误认为是摄影师的功劳。

(3)演员的挑选怎么样?很合适吗?或者一般?很差?演员的表演怎样?

(4)音乐配得合适不合适?配音演员的声音类型是什么样的?声音是在哪家公司做的?

(5)后期剪辑的水平如何?哪家公司剪辑的?

(6)这支广告片的摄制费用是多少?关于摄制费用的准确数字,你几乎不可能得到,这属于制作公司商业秘密的一部分,往往他们报给你的费用会比真实的花费要高,以便以后和你讨论广告片的摄制价格时,留下讨价还价的空间。

除了摄制费用外,对其他的一些问题,制作公司也可能不愿正面回答,比如摄影师是哪位?后期剪辑公司是哪家?等等。因为前面说过,制作公司是工作室形式的比较松散的组织,人员都是自由职业者,合作的摄影师和后期剪辑公司也不是一成不变,他们往往并不局限于一家制作公司,有时和制作公司之间合作不太愉快时,就会说制作公司的坏话,或者会把甲制作公司的活儿介绍给乙制作公司,这叫“炝活儿”。但即使得不到想要的答案问题也不大,记住这支片子的风格和效果,在以后的洽谈中告诉制作公司,我要摄制的广告片要使用这种风格,要产生这种效果就可以了。无论如何,对以上问题的关注将在以后和制作公司讨论摄制具体细节时会大有裨益。

看作品集时另一个需要注意的问题,是要看一看作品集里同类竞争产品的广告片拍得怎么样(如果作品集里正好有时),如果你最后拍出的片子质量不如它们,客户的诘难就在所难免。客户在平时是很注意和他们竞争的产品的广告宣传的。

3. 制作公司报价

在综合考虑之后,经过一系列筛选,最后要选定符合你要求的公司对你的创意进行报价，选定的公司以不超过三家为宜，如果选择得太多很容易失去判断力，并会牵扯太多的精力。让制作公司进行报价时，你需要给他们提供如下资料：

(1)创意说明。以便制作公司对你的创意目的和风格有个大概的了解。

(2)文字脚本。可以使制作公司对未来的广告片的风貌有个整体的把握，而且当故事板上画的一些内容他们不太理解时，可以参照一下。

(3)故事板。制作公司通过看故事板，就能够知道是外景拍摄或者是摄影棚拍摄，需要拍多少天，需要什么样的场景，这些场景是需要现场制作，或者可以租用，并根据场景估算出灯光器材的数量。以及需要什么样的道具？这些道具是需要购买或者租用？需要几个演员？等等。这些都是制作公司进行报价的依据，从这里我们也可以明白在故事板制作那一章里，强调故事板画得越逼真、越细致越好的缘由。

除了以上这些资料，有时也需要提供一个附加说明。比如，需要什么样的演员，是当红影视巨星，还是初出茅庐的新秀，或是中戏、电影学院和中国传媒大学的学生，他们之间的价格真可谓天壤之别。国际巨星的价格很可能是一个天文数字，而且没有谈判的余地，比如，据说成龙接拍电影的片酬，都是制片方拿一张空白支票让他自已填。而一个刚踏入演艺圈的演员用很少的钱就可以签约，甚至，他们会不计报酬地参与广告的摄制，因为广告的高频次播出有助于迅速提高他们的知名度，国内外都有演员先参加广告片摄制有了一定知名度后，进而在演艺圈有更大发展的先例。

其他需要注明的还有以下一些方面，比如，为了缩短拍摄周期，有时需要把所有的外景拍摄在摄影棚中完成并进行后期电脑处理，这时就会增加制景的费用和后期制作的费用。广告片的配音是需要配音圈的大腕，还是播音系的在校生。需要什么样的音乐，需要做多少秒钟的三维动画，等等。

以上这些资料要让快递公司快递给制作公司，发传真会使彩色绘制的故事板变成黑白而看不出效果，如果有电子版发电子邮件就既快捷又可以省下快递费(如果文件太大，就发不了电子邮件)。制作公司收到这些资料后，会有一个消化的过程，其间他们会打电话询问、核对一些问题，以证实他们对该创意的理解和摄制设想对不对。一般他们都会说要达到什么什么样的效果要花多少多少钱，以便为以后抬高价码打下铺垫，这时就姑妄听之，不必和他争论什么，因为这支广告片的最终制作报价你会有个底价的。在以后的谈判中，你可以利用各种说辞在保证摄制质量的情况下，让报价往这个底价上靠拢。有些制作公司在经过电话沟通之后会提出要到你的公司里来面谈报价,他们来公司面谈有两个目的,其一,来实地考察考察广告公司的实力如何,如果觉得你是个实力不大的小公司,你觉得他会怜悯你得到这单生意不容易而报一个较低的价格吗?恰恰相反,他们会觉得你不可能会带给他们第二笔生意而狮子大张口。其二,是显示他们对这笔生意的重视和认真,并在面谈的过程中顺便探探其他制作公司的虚实。

这些制作公司最后的报价会是一个总数,比如:30 万,50 万或者 100 万,有时他们会说 30 万左右,50 万左右,等等,这时就要问一问"左右"到什么程度,为什么?

可以肯定的是,这三家制作公司给你的报价是不一样的。你把他们的报价和他们的作品集比对一下,就可以发现每家公司的性价比怎么样。当然,他们的报价是留有砍价的空间的,在以后的谈判中需要把他们的价格降到接近你能接受的水平。在与制作公司讨价还价时,客户人员可能比文案或美术人员更有技巧,但参与谈判的客户人员需要对影视广告的摄制流程和行内的一般价格要有所了解。

4. 广告片修改的费用

以上的数字是完成这个广告片子需要的总数额,包括所有的任何开支在内,当然也应该包括片子完成客户审查后需要修改的费用,如果不包括,制片公司应该事先明确,并说明原因。广告片修改的费用常常造成广告公司和制作公司之间的争执,最后闹得很不愉快。要解决这个问题,需要广告公司和制作公司在决定合作后,像一家人一样精诚团结把片子拍好,使客户最后挑不出任何毛病,片子不用做任何修改就能通过。如果要做修改也只限于一些小的花费不多的修改,这样由双方谁出修改的费用都不是负担。有些需要在后期编辑机房进行的修改,虽然不是编辑机房造成的,大多数情况下他们都会免费予以修改。但如果需要重拍或者补拍,那就会很麻烦,因为即使只需要重拍一个镜头,也要把前期的拍摄程序重来一次,这就等于把广告重拍了一遍,花费肯定不菲。

造成这种局面时,双方会相互指责,其实往往是由于双方在合作时都不够认真或经验不足才出现这种情况,广告公司和制作公司都有责任。根据具体情况,需要重拍或补拍时,也有花费很小的补救办法,一种是看看后期机房能否找素材弥补一下,一种是在其他制作公司的拍摄现场进行补拍或者重拍,这就省去了再租用摄影棚、摄影机、灯光器材等的费用,而给这些制作公司少许的辛苦费或者请吃顿饭就能把问题解决。无论如何,出现需要重拍或者补拍的情况,是非常严重的事情,它与在进行阅兵时军旗折断一样使人感到晦气和难受,因此广告公司和制作公司要共同努力,尽量避免出现这种情况。

对自己实力非常自信的顶尖级制作公司,有丰富的经验和高超的制作水平,他们大都不会在修改费用由谁出这一点上斤斤计较,他们确信自己拍出的片子足够好,以至于客户不会挑出任何毛病。能与这样的公司合作当然会非常省心,但他们的要价往往是一般制作公司的若干倍。

三、给客户报价

1.摄制价目表

上面说过制作公司会报一个总的制作金额给广告公司,但最后广告公司给客户报价时要列出一个详细的价目表,要让客户知道摄制预算都花在什么地方了。在签订广告制作合同时,详细的摄制价目表要作为合同的一部分附在后面,这是财务规定和相关法律的要求。这个价目表根据不同类型的广告,所列出的条目会有所不同,但大都会分为前期拍摄和后期制作两大部分。每部分又分为人员劳务费和器材租金等项目,每个项目之后有小计,以方便最后的核算和修改。

以下是一些主要项目的报价内容和计费方法:

(1)创意部分

创意费,故事板制作费,按作品计费。

(2)导演劳务部分

导演的劳务按作品件数计费。

国外也有按日计算的付酬方式。

(3)摄影师劳务部分

摄影师的劳务一般按作品件数计酬,但如果广告的拍摄需要许多时日,摄影师有可能会采取按日计酬的方式。

(4)编辑费部分

后期编辑设备的租金和人员报酬,有按工作时间计费和按作品件数计算两种方式。

(5)资料收集部分

拍摄准备阶段收集资料、拍摄照片和录像的费用。

(6)摄影器材部分

摄影所需所有器材的租借、使用费用,按日计算。

(7)特殊器材部分

摄影现场所需的移动摄影车、摇臂、吊车、发电车、降雨器、降雪器等设备的租借、使用费用,按日计算。

(8)照明器材部分

照明所需的灯光设备及器材的租借、使用费用,附属消耗品的购买费用,按日计算。

(9)外景拍摄费用部分

外景拍摄期间所支出的所有费用——陆路、航空及海运交通费、器材搬运费、各种车辆使用费、燃油费及伙食费、摄影场地租借费、拍摄协助机关或当地群众演员的费用、对先前所没预料到的突发事件支付的费用。

(10)摄影棚部分

摄影棚使用费、电费和棚内设备的使用费。

摄影棚和棚内设备按日计费,电费按实际使用额计费。

(11)保险费部分

对危险作业人员的保险,交通保险,贵重物品的保险。

(12)美术部分

各种大、小道具及所需的一切消耗品的租借或购买费用。

对美工师以及化妆师、美发师、形象设计师、时装设计师、布景设计师、舞蹈编导及特殊领域专业人员的报酬,一般按日计费。

(13)动画部分

二维或者三维动画的制作费用,以秒计费。

(14)演出费部分

演员和模特的演出费。

手模或脚模等局部模特的演出费。

以作品件数计费。

(15)静物照片部分

用于其他商业用途时,支付给图片摄影师的费用。

(16)版权租借使用部分

图片、幻灯片和活动影像资料画面的版权使用费。

艺人、作家、画家、音乐家以及其他名人的肖像使用费。

(17)胶卷及冲洗部分

35mm 和 16mm 以及其他不同用途所需的各种胶卷的购买和冲洗费用,35mm 和 16mm 胶片的冲洗以胶片长度计费。

(18)胶转磁部分

为了把胶片转录成磁带所需的费用,一般以工作时间计费。

(19)CG(Computer Graphic)部分

按作业所需时间计算费用。

(20)录音部分

录音师的报酬和租借、使用录音室设备的费用,这两项通常合在一起收费,以作品件数计费居多,也有以工作时间为单位的计费方法。

配音人员的报酬,以作品件数计酬。

音乐的选曲费和版权使用费,各种音效制作费,广告歌曲和主题音乐制作费,按作品件数计费。

同期录音的费用,按日计算。

(21)杂费部分

摄制人员工作时所花费的交通费、通讯联络费等。

(22)不可预知费用

拍摄过程中发生的不可预知事件产生的费用,一般按整个拍摄预算的一定百分比计算。

(23)营业税费

目前我国的广告营业税为摄制费总金额的8.5%。

传统的价目表是按照各个项目,一项一项地填写价钱,先有小计的数额,然后把所有小计的数额加在一起算出总的价钱。但其中任何一个小项目的数额需要改动,都要对相应的小计和最后总的报价进行修改,使用起来很不方便,而且还容易出错。现在一种使用"管家婆"软件的摄制价目表在广告圈很流行,这种价目表具有计算功能,可以在进行小计时自动算出小计的金额,并在所有的小计金额出来后,自动算出总的价钱。在对一些小项目的款额进行改动后,该价目表能自动对小计价格和最后的总价进行相应的计算和修改,省却了人工重新计算的麻烦,因而很受欢迎。

以下是这两种摄制价目表的样本,表 10 -1 是使用磁带拍摄,是传统的价目表,表 10 -2 使用"管家婆"软件的价目表,是使用胶片拍摄,所列条目非常详细。在具体使用此表时,可以按需要在相应的项目栏中进行填写,不需要的项目栏可以空出来。

× ×30 秒电视广告制作报价单

QUOTATION

日期:200 ×年 ×月 ×日

客户:北京 × ×有限公司

联系人: × × ×

制作人:北京 × ×广告有限公司

报价总价:RMB 240,000.00

表 10-1　广告摄制传统价目表　　单位:元

序号	制作名称	设备租金/人员劳务	单价(元)	时间	数量	总价
1	前期拍摄					
		摄像机租金	¥1,500.00	2 天		¥3,000.00
		跟机员劳务	¥300.00	2 天		¥600.00
		摄影师劳务	¥10,000.00			¥20,000.00
		摄影助理劳务	¥3,000.00			¥3,000.00
		导演劳务	¥10,000.00			¥20,000.00
		助理导演劳务	¥3,000.00			¥3,000.00
		场记	¥1,000.00			¥1,000.00
		灯光器材租金	¥4,000.00			¥4,000.00
		灯光师劳务	¥6,000.00		2 人	¥12,000.00
		美工师劳务	¥5,000.00		2 人	¥10,000.00
		置景费	¥5,000.00			¥5,000.00
		轨道租金	¥3,000.00			¥3,000.00
		云台租金	¥3,500.00			¥3,500.00
		场工劳务	¥300.00	2 天	10 人	¥6,000.00

续表

序号	制作名称	设备租金/人员劳务	单价(元)	时间	数量	总价
		摄影棚租金	¥5,000.00	2天		¥10,000.00
		电费	¥1,500.00			¥1,500.00
		演员劳务	¥5,000.00		7人	¥35,000.00
		化妆师劳务	¥1,500.00	2天		¥3,000.00
		发型师劳务	¥1,500.00	2天		¥3,000.00
		故事板绘制	¥1,500.00		2个	¥3,000.00
		创意费	¥2,000.00		2个	¥4,000.00
	小计:					¥153,600.00
3	后期剪辑					
		剪辑机房租金	¥8,000.00	7天		¥56,000.00
		剪辑师劳务	¥5,000.00			¥5,000.00
		声音机房	¥5,000.00			¥5,000.00
		剪辑助理劳务	¥1,000.00			¥1,000.00
		录像带	¥200.00		6盒	¥1,200.00
	小计:					¥68,200.00
4	杂费					
		交通费	¥1,500.00			¥1,500.00
		餐费	¥1,000.00			¥1,000.00
	小计:					¥2,500.00
5	合计:					¥224,300.00
	税金:					¥19,065.00
	总计:					¥243,365.00
	实收:					¥240,000.00

(以上各项目价格仅为示意,不具有参考价值)

××30 秒电视广告制作估价表

表 10－2　使用“管家婆”软件的价目表　　单位:元

前期准备作业 PREPRODUCRION	数量 QTA	天数 DAYS	单位 RATE	估价 ESTIMATE
前期准备作业企划 PLANNING				
分镜脚本制作 STORYBOARDING				¥3,000.00
演员试镜 CASTING				¥2,000.00
外景勘景 LOCATION SCOUTING				¥0.00
交通杂支 TRANSPORTATION				¥0.00
小计 SUB TOTAL				¥5,000.00
制作技术费 CREW SALRY	数量 QTA	天数 DAYS	单位 RATE	估价 ESTIMATE
监制/总制片 EXECUTIVE PRODUCER				
制片组 PRODUCTION CRCW				
制片助理 PRODUCTION ASSISTANT	1			¥10,000.00
场地经理 LOCATION MANAGER	1			¥3,000.00
剧务 RUNNER	2			¥2,000.00
导演 DIRCCTER				¥30,000.00
第一副导演 1st ASST,DIRECTOR				¥5,000.00
第二副导演 2nd ASST,DIRECTOR				
摄影师 CAMERAMEN				¥20,000.00
摄影助理 CAMER ASST				¥5,000.00
灯光师 GATTER				¥6,000.00
第一灯光助理 LIGHTING ASST 1				¥2,000.00
第二灯光助理 LIGHTING ASST 2				¥1,000.00
场务 GRIP DEPT				
美术指导 PRODUCTION DESIGNER				¥8,000.00
美术助理 ASST AIT DIRECTOR				¥2,000.00

续表

制作技术费 CREW SALRY	数量 QTA	天数 DAYS	单位 RATE	估价 ESTIMATE
置景师 SET DRESSER				
置景师助理 ASST SET DRESSER				
特技人员 SPECIAL EFFECT DIRECTOR				
服装师 DRESSER MASTER				¥3,000.00
服装助理 ASST WARDROBE DESIGNET				
道具师 PROPS MASTER				¥3,000.00
道具助理 ASST PROPS MASTER				
造型师 STYLIST				
化妆师 MAKE－UP ARTIST				¥3,000.00
发型师 HAIR DRESSER				
录音师 SOUND MASTER				
同步收音 SYNC,SOUND RECORDING				¥5,000.00
剪接师 EDITOR				¥0.00
剪接师助理 ASST EDITOR				
会计 ACCOUT ANT				
小计 SUB TOTAL				¥108,000.00
制作器材费 EQULPMENT	数量 QTA	天数 DAYS	单位 RATE	估价 ESTIMATE
摄影机组 35mmCAMERA SET	1台	2		¥20,000.00
摄影机组 16mmCAMERA SET				
摄影机特殊配置 CAMRA ACCESSORY				
灯光器材 LIGHTS & ACCESSORY				¥10,000.00
场棚电费及发电机 ELECTRICITY				
辅助器材 DOLLY & OTHERS				¥8,000.00
同步收音器材 SYNC. SOUND EQUIPS				¥2,000.00

续表

制作器材费 EQULPMENT	数量 QTA	天数 DAYS	单位 RATE	估价 ESTIMATE
消耗品 EXPENDABLES				¥2,000.00
小计 SUB TOTAL				¥42,000.00
底片材料费 FILE STOCK	数量 QTA	天数 DAYS	单位 RATE	估价 ESTIMATE
35mm 底片 NEGATIVE				¥32,000.00
35mm 冲洗 PROCESS				¥10,000.00
16mm 底片及冲洗 NEGATIVE & PROCESS				
影片印片 NEGATIVE PRINTING				
作业工作母带 WORKING VIDEO TAPE				¥1,200.00
小计 SUB TOTAL				¥43,200.00
场景制作费 SET	数量 QTA	天数 DAYS	单位 RATE	估价 ESTIMATE
场景租金 STUDIO RENTAL				¥15,000.00
置景陈设/预打 SET UP/PRE－LIGHT				¥10,000.00
电费 ELECTRICITY				
外景场地费 LOCATION RENTAL				¥0.00
小计 SUB TOTAL				¥25,000.00
道具及服装费	数量 QTA	天数 DAYS	单位 RATE	估价 ESTIMATE
道具购买 PROPS PURCHASE				¥0.00
道具租借 PROPS RENTAL				¥4,000.00
服装购买 WARDROBE PURCHASE				¥0.00
服装租借 WARDROBE RENTAL				¥1,500.00
小计 SUB TOTAL				¥5,500.00

续表

动画及影像版权费	数量 QTA	天数 DAYS	单位 RATE	估价 ESTIMATE
三维动画 3D ANTMATION				
二维动画 2D ANTMATION				¥4,000.00
影像版权购买 FOOTAGE PURCHASE				
小计 SUB TOTAL				¥4,000.00
后期制作剪接 POST－PRODUCTION	数量 QTA	天数 DAYS	单位 RATE	估价 ESTIMATE
影片转磁 TC TRANSFER				¥12,000.00
数字特效,加滤镜效果 TC FLLTER				
粗剪技术费 OFF－LINE EDITING				
精剪技术费 ON－LINE EDITING				¥12,000.00
字幕特效制作 SUPERINPOSE				
数字影像处理 DIGITAL SFX				
机房租金 EDITING BAY RENTAL				¥5,000.00
小计 SUB TOTAL				¥29,000.00
录音制作费 RECORDING&MIXING	数量 QTA	天数 DAYS	单位 RATE	估价 ESTIMATE
音乐选曲 LIBRARY MUSIC				
音乐 DEMO 制作 MUSIC DEMO SCORING				¥3,000.00
音乐编曲制作 MUSIC SCORING				
歌手/乐队 SINGER/BAND				
录音时间费 STUDIO RENTAL				
混声技术/录音材料 MIXING/SOURCE				
旁白费 VO TALENT				
音乐版权费 MUSIC RIGHT				
小计 SUB TOTAL				¥3,000.00

续表

制片费 PRODUCTION COSTS	数量 QTA	天数 DAYS	单位 RATE	估价 ESTIMATE
电话/通讯费 COMMUNICATION/PHONE CALLS				￥0.00
对讲机 WALKIE - TALKIE				
租车费 AUTO RENTAL				￥1,200.00
制片办公室费用 PRODUCTION OFFICE COSTS				￥0.00
油料费 GAS				￥0.00
茶水 CRAFT SEIVICE				￥600.00
小计 SUB TOTAL				￥1,800.00
交通食宿费 TRANSPORT&CATERING	数量 QTA	天数 DAYS	单位 RATE	估价 ESTIMATE
计程车等交通费 GENERAL				￥1,000.00
厢形车/卡车运输 VAN TRUCK				
住宿 HOTEL				￥0.00
机票 AIRFARE				￥0.00
餐饮费 CATERING				￥3,000.00
小计 SUB TOTAL				￥4,000.00
演员费 TALENT	数量 QTA	天数 DAYS	单位 RATE	估价 ESTIMATE
演员 TALENT	3			￥10,000.00
群众演员 STAND IN				￥0.00
小计 SUB TOTAL				￥10,000.00
播带及电检费 GIO&TAIONCOPY	数量 QTA	天数 DAYS	单位 RATE	估价 ESTIMATE
电检执照申请手续费 AIRING LICENSE				
播带制作费 COPY DUB				

续表

播带及电检费 GIO&TAIONCOPY	数量 QTA	天数 DAYS	单位 RATE	估价 ESTIMATE
电影片印片费 THEATER COPY				
客户保留带 CLIENT FILE TAPE				¥1,000.00
小计 SUB TOTAL				¥1,000.00
播带及电检费 GIO&TAIONCOPY	数量 QTA	天数 DAYS	单位 RATE	估价 ESTIMATE
小计 SUB TOTAL				¥1,000.00
合 计				¥281,500.00
营业税 8.5%				¥23,927.50
共 计				¥305,427.50

（以上各项目价格仅为示意，不具有参考价值）

2. 广告公司的利润

广告公司的利润来自于客户最终接受的报价和付给制作公司的制作费的差额。广告公司的利润如何在制作价目表中体现出来？有两种办法。如果要把整个制作费用的10%作为公司利润，就在价目表中明确列出公司的利润为10%。另一种办法是把这10%的利润平摊在各个项目之中。

提供广告片摄制的准确报价，常常是在创意被客户通过之后，而且也会跟客户有个讨价还价的过程。客户像购买其他产品一样，希望从广告公司得到的广告片也能质优价廉。在本书第一章里曾经说过，一般在创意之前，客户不会告诉广告公司自己的摄制预算，或者会给广告公司一个非常模糊的预算，之所以如此，有以下原因。客户恐怕真实的预算过低，会影响广告公司进行创意的热情；也可能最终要拿出多少钱拍摄广告，客户领导层还没有最后决定，要等创意通过了，与广告公司讨价还价之后再定。在这方面要有充分的心理准备，有时客户杀价之低，让广告公司怀疑还要不要拍摄这个广告。

总之，在报价方面，客户人员对客户那里相关信息的充分了解，创作人员对摄制价格的熟悉，以及对不同制作公司价格的准确把握，都会对最后达成一个既保证广告片质量又使公司有利润的价格有很大帮助。

复习题

1. 在审看制作公司的作品集时，对你感兴趣的片子要做哪些方面的记录？

2. 让制作公司报价时，需要给他们提供哪些资料？为什么？

练习题

1. 选取三支不同的广告片，按5分制分别给这三支广告的导演、摄影、灯光、美术、表演、音乐、配音和后期制作打分。

2. 从平常看过的广告中，选取两支外景拍摄和两支摄影棚拍摄的广告片，使用本章表10-2的价目表，分别列出该支广告的拍摄预算。

第十一章 开拍前要做的事情

当你的提案在多家广告公司中最终胜出,创意被客户通过了,并经过讨价还价,最终的摄制报价也被客户接受,那也并不意味着已经大功告成,短暂的喜悦过后,你将进入下一个重要的环节——广告片开拍前的准备阶段。这个阶段要完成三项任务,组建摄制团队,召开 PPM 会议(pre - production meeting,摄制前会议)和进行拍摄前的各种准备工作,包括预订拍摄器材,寻找合适的拍摄场地,挑选演员,设计制作布景等等。这一过程复杂而细致,所要花费的时间常常是实际拍摄时间的数倍。

开拍前要做的所有事情都与拍摄效率和广告片的质量直接相关,任何环节出现问题,都将给拍摄造成不应有的障碍,并在给广告主"交活儿"时出现不必要的麻烦。广告公司、企业和制作公司之间充分、有效的沟通,摄制团队精心细致的准备,对可能遇到的困难事先预估并提供解决方案,这一切将会保证拍摄的顺利进行,并能缩短拍摄周期,使拍摄成为一个辛苦但充满愉悦的过程。总之,开拍前的工作完成得好,广告片就成功了百分之五十。

一、拍摄团队

拍摄广告所需的人手与广告的复杂程度成正比,广告越简单,需要的人手越少;反之,就会需要很多人甚至是一个很庞大的团队。从生意的角度出发,当然是在保证片子进度和质量的前提下,参与的人数越少越好,因为从导演到场务在开拍时所有出现在现场的人都要付钱给他们。

国外在拍摄广告时一般实行的是制片人负责制,像许多好莱坞大片一样导演只是制片人的一个普通雇员而已。由制片人选导演,制片人找摄影师和灯光师,制片人选演员,然后拍摄过程中的所有事情也尽在制片人掌控之中,最后制片人对片子的质量负责。但我国拍摄广告时基本都是导演负责制,制作公司选定一个适合拍摄该广告的导演后,再以导演为中心由导演搭建拍摄团队。

导演首先要找长期合作比较默契且档期合适的摄影师,然后,导演和摄影师要对以下事项进行充分讨论。

(1)对创意和故事情节是否充分理解?

(2)确定怎样的拍摄方案?片子采用什么样的风格?

(3)全部摄制完成需要多少时间?

以上这些都要在PPM上与客户进行沟通。导演和摄影师在对广告创意和拍摄方案等进行研讨后,再确定合适的灯光师、美术师等摄制组成员。

关于摄制组成员的个人报酬,通俗一点讲,是一分钱一分货。一流的导演和摄影师和三四流的导演和摄影师,他们的价格会差别很大。著名的导演和摄影师的劳务,通常会很高,而且基本上没有讨价还价的空间。他们的经纪人或代理人都掌握着一个基本的价格,与他们谈判时,他们的报价绝对不会低于基本价格。因为著名的导演和摄影师,可以保证广告的影像质量,另一方面,请著名的导演和摄影师摄制广告,也会让广告主感到放心,有时也具有新闻炒作价值。比如,如果请一位具有国际影响力的影视导演为某一产品操刀拍广告,这本身就为企业和产品作了宣传。但话又说过来,高价钱又未必都有好的结果。这些导演和摄影师虽然拍摄过很著名的影视作品,但由于他们在广告和营销方面的知识相对匮乏,而且通常又很自我,因此常常出现广告片没有达到应有的效果甚至出现误导产品信息的现象。所以,即使客户有雄厚的预算雇佣他们拍广告,也要像使用名人做广告一样,要慎重考虑。根据以往的经验,请他们做一些品牌形象广告比较合适,产品广告还是找有拍摄这类产品经验的导演为好。

由于所拍片子的功能和主题不同,广告导演和影视导演应该是两个行当,但由于方方面面的原因,我国目前优秀的广告导演在几十万的广告从业大军中真的是屈指可数。

以下关于拍摄团队的介绍,是从拍摄广告(包括摄影棚拍摄和外景地拍摄,大制作和小制作)会使用到的工种出发对其职责进行简要地说明,但并不意味着每拍一条广告都需要以下所有人员。

1. 导演

导演的任务是把广告故事板转化为广告影片的图像和声音。他对整个广告影片的质量负责,对整个拍摄团队和广告公司而言,片子的优劣成败都系于导演一人身上,因为他主管了拍片的所有一切。导演的酬劳最高,责任也最重。

在实际拍摄时,现场的所有指挥都由导演担任。现场所有工作人员遇到包括技术问题在内的一切问题，都必须与导演商量，并听从导演的指挥，也只有导演才能对演员下指示。导演的决定就是最后的裁决，所有的决定必须从导演那里通过才算数。他一个人就可以决定大家什么时候该吃午餐，又该吃多久。更重要的是，导演必须有能力去解决片场发生的各种问题，例如助理导演说："广告公司认为上一个镜头没有拍出想要的样子"，或灯光师问："你觉得这个灯光效果怎么样？"当导演从容应付这来自各职责领域、简单或复杂都有的问题时，他所表现出的技巧，就可以很清楚地知道这位导演，是十分杰出或只是称职而已。

在片场，导演一个很重要的工作就是指导演员表演，他需要使用很多技巧使演员迅速进入角色并达到想要的效果。导演说话要利落干脆，对演员进行指导时要有感染力和鼓动性。

不同的导演性格各异，并有不一样的工作作风。有的人表现得相当张扬，而有的人则平和低调很多。有的导演拍摄速度非常之快，而有的导演则是慢工出细活。但无论怎样，导演要果断地下决定，能鼓舞团队士气，提高拍摄效率并保证最后的片子质量才行。包括广告片在内的所有影视作品的拍摄经常熬夜加班，在外景拍摄时又需要起早贪晚，属于高强度作业，其他工种的人还可能完成任务后提前收工，但导演要从头一直盯到拍摄结束，所以导演还需要有一个很好的身体，体力充沛的导演能三天三夜不睡觉依然精神抖擞。

在整个片子拍摄完成后，导演还要指导片子的后期编辑制作工作。

2. 摄影师

工作小组中的第二号指挥人物是摄影指导，通常称他们为摄影师。摄影师在为导演提出好的建议和意见之外，要听从导演指挥并对导演负责。摄影师通常先从学徒做起，再经过助理摄影师晋升而来。摄影师水平的优劣高下在于他懂不懂得运用摄影棚及外景的灯光技术。一位高水平的摄影师一定要了解所有的灯光技巧。在片子开拍前，他就得知道并通知灯光师需要何种灯光器材才能达到拍摄此广告影片的要求。因为灯光决定广告影片的视觉气氛，在拍摄时，摄影师对灯光还没有满意前是不会开拍的。

摄影师必须对其摄影器材十分熟悉。如果广告影片想要拍摄大豆的各种掉落速度，摄影师就必需清楚地知道要用哪个型号的摄影机、以哪种速度拍摄，以及懂得使用什么样的灯光才能使画面效果更好。一位优秀的摄影师在拍摄现场提出的建议一定会比事前与导演商量的要好，因为他在真正拍摄时，面对现场的情景会涌现出很多闪光的灵感。

3. 灯光师

灯光师负责拍片现场所有的灯光设施。由于拍片所需的灯光器材往往数量较多而且笨重,灯光师会配备自己的助理人员和多位场务,拍摄时,在他的指挥下,由这些助理和场务对灯光进行搬移、架设和接通工作。灯光师主要是听命于摄影师的指示。除了要全神贯注地听从摄影师对灯光进行细微调整的许多指令外,也要精通如何随时调整各种会影响灯光强度的特别设备(例如铁纱网、旗板、隔离网、一般网子或网状物以及遮光板等等)。

4. 助理导演

助理导演常常由导演的私人秘书或者学徒充当。导演交待的与拍摄相关的事项都要由助理导演来完成。这些事项包括拟定演员及工作人员的集合时间、地点,也包括如果要出外景,助理导演要告诉驾车来拍摄现场的人员详细的行驶路线,或为他们提供地图。他也需张罗拍外景时的午餐以及工作人员的早餐。

简而言之,所有与拍摄相关的细节琐事都是助理导演的职责范畴。他要有一本工作小册子,上面要记满与影片摄制相关的事或人名、地址与联系电话。他的工作手册里还要有:相关人员的家里及下榻旅馆的电话号码,以防万一因天气因素而突然更改摄影场地与时间时,能及时联络上客户及工作人员;影片冲印公司的电话号码,以便获得特殊的底片冲洗资讯;几家胶转磁公司的联络电话、价格和工作排期,以便胶片冲洗完毕能够及时进行转磁;气象台的电话号码,好掌握最新的天气变化。总之,所有有关人物及组织的电话号码都不能遗漏掉,因为这些人都是助理导演要接洽的对象,而且通常都是很紧急的临时通知。工作手册要制作一个电子版,以备在不慎丢失时,迅速打开电脑查看并立即再打印一份。

助理导演还要执行导演在开拍期间托付的其他事情。他必须能立即觉察导演可能面对的难题,并马上提出有效的解决对策。

5. 制片

制片与助理导演的角色比较相似,如果有了助理导演可以不用再请制片帮忙。但如果拍摄工作比较复杂,就会另外再聘请一位制片。在摄制剧组里,制片需要负责艺术创作之外的所有事务,包括联系拍摄场地,租借摄影设备和灯光器材，租借购买道具，外景拍摄时为剧组联系交通，安排食宿，负责维持拍摄现场秩序，联系后期编辑机房，甚至帮助挑选演员，等等。一个称职的制片熟悉各种类型广告的拍摄流程和规律，具备丰富的社会经验，善于交际，为人诚信，其租借和购买的物品性价比很高，能够为整个剧组的高效运转提供良好的外部环境和条件。

6. 助理摄影师

助理摄影师只需对摄影师负责。他的职责相当庞杂，而大部分工作都离不开保证摄影器材是否已经到位并运作良好，以及根据摄影需求租借或购买备用器材等。

助理摄影师要彻底检查所有摄影机的镜头及其设定刻度、检测变焦马达是否运作平顺，以及查验更换镜头所需的各种变焦镜头等等。一般由助理摄影师作主决定的还有在棚内外拍摄时是否需要柔焦滤镜，以及变焦时是否需要屈光镜。他也需仔细检查每支“脚”与每顶“高帽子”（即可调整脚架以及能支撑摄影机在离地面不到30厘米高度拍摄的摄影机底座）。

此外，助理摄影师还要检查电池、摄影机底片盒等各项摄影耗材，以免开拍时突然断粮而影响到进度。他也需储备好足够的摄影机片盒，以免不够用时得借助于暗袋来拼整底片。虽然这暗袋就好比是个可携带式的暗房，且助理摄影师也能在大一点的暗带中装卸底片，但毕竟太浪费时间了，更何况已经开拍，时间就是金钱。

无论是在开拍日或是在开拍前，助理摄影师都是最重要的角色之一。因为几乎所有的摄影器具及耗材都是由他来负责的。助理摄影师需细心地检视各扇“大门”（即底片通过时的变换快门），以确定不会有造成底片刮痕的毛发或灰尘。他还要认真检查所有要使用的测光表，以确定曝光值都在标定的测光表口径的1/4格以内。

当已曝光过的底片从摄影机上拆卸下来，助理摄影师就会用灯光师用的特殊胶带（粘性超强的多功能2英寸胶带），把拍好的底片盒正面及四周粘封好，同时清楚地标明这是已拍摄过的底片，以及使用的底片规格及感光度（ASA）等重要讯息，以方便冲印公司将来的作业。

把助理摄影师的职责介绍得如此详尽，是要让大家明白这一事实，那就是每位参与拍片的工作人员都有个人特定负责的范围，而每项工作对片子的成败都有着关键性的影响。

7.场记

场记的职责是在拍片前去估算每个场景所需的拍摄时间,并行之有效地告诉导演。广告公司的相关人员则会将此时间估算与广告公司稍早自行估算的时间作一个比较核对。场记估算的时间将关系导演该如何安排每个动作的取景。请记住,按正常的播映速度,广告影片不是30秒整就是15秒整或60秒整。在拍摄期间,场记会计算每个取景镜头耗费的时间,如果任何一个镜头超过了计算的时间,他就会提醒导演在下个镜头时把时间调整回来。这时候,场记的只言片语都发挥着举足轻重的作用。

而当各场景未按照原来故事板的前后顺序来拍摄时(即跳拍),场记的职责更是分外重要。他要确定已拍摄的画面包括了故事脚本上所有的场景,也就是说,虽然没有按照故事板的画面次序来拍,但所有事先确定要拍的画面都需拍摄完成。导演对某些特定场景会有自己的拍摄想法,但得拍完故事脚本上的所有场景,并经场记确认该有的场景都已在拍好的底片盒里后,导演才能有自己的即兴安排。

此外,场记还应一直注意影片的时态连贯性,防止影片出现"穿帮"现象(即画面中露出破绽)。也就是说,他必须非常注意道具或演员的姿态动作会否因场景变换而失去其一致性(例如演员右手拿的茶杯突然变成左手拿,或是有个妇人在上个场景戴有帽子,换个镜头却没戴帽子)。无论如何,场记至少得身怀数技,恰似能言善道的外交官、心思细腻的侦探,以及目光锐利的猎人。

如果广告片比较简单,场记的职责通常由助理导演替代。

8.录音师及吊杆操作员

如果要把演员的台词同期录下来,那就需要有位录音师或再加一位吊杆控制员。录音师是位负责声音监控、收录的录音工程师。吊杆操作员则是负责控制一根长杆,并把杆上的麦克风悬吊在演员上方来收音。为了避免在外景拍摄时不小心让头顶的麦克风进入画面里,常会以短波麦克风夹戴在演员的衣服上来替代,并把麦克风收录的声音以无线方式传输给录音设备。

9.场务

在拍摄现场你会看到许多与导演、摄影师等气质、穿着不一样的人也在那里忙忙碌碌，第一印象可能是，工作人员似乎太多了。但他们可不是在那里凑热闹的，因为拍摄所需的器材都很笨重，而且要以精确的方式小心搬运以免造成设备或人员的损伤。当导演下达更换布景的命令时，我们就需要这些既强壮又有经验的场务们马上动手帮忙。

场务的工作有专门的细分，比如，摄影车场务就专门负责实际拍摄时摄影机的移动。该场务必须知道如何稳妥地把摄影机搬到摄影车上固定好，让摄影机在轨道上平稳移动，并能停在精确的位置上。摄影升降机操作员又是另一种专门的场务，负责在实际拍片时操作摄影升降机平稳升降。还有我们上面提到的灯光场务，他们专门负责灯光器材的搬运、架设和接通等。场务一般由各工种根据需要自己配备，其工资也有该工种负责人从自己获得的劳务费里发放。如果是制作公司聘请的场务，则由制作公司给他们支付报酬。

称职的场务不但要身体强壮，而且也必须心灵手巧，反应灵敏。那些有心的场务会在现场仔细揣摩摄影、导演、灯光等各个行当的作业过程，长期耳濡目染再加上不经意间的虚心请教，在北京和上海的片场都发生过场务由蓝领工人鲤鱼跳龙门而成为摄影师或灯光师的传奇故事。

10. 美术设计师

美术设计师负责设计拍摄所需的各式布景，并监督布景的制作和搭建。在一个规模不大的摄制组里，他们也负责道具的购买和租借。对于一般的拍摄来说，设计布景的时间不会很长，但制作则需要一个周期，搭建也需要半天或者一天，在开拍之前一定要按照所需时日给制作和搭建预留出时间来。美术设计师不但要监督制作和搭建的质量，而且也要控制工程进度，保证如期完工。美术师一般都有长期合作的布景施工队伍。

11. 道具师

道具师应按照导演的要求，购买、租借和调度处理棚内或外景所需的各式道具。如果一个剧组里既有美术师，又有道具师，两者要充分沟通协调，相互配合，在提高工作效率的同时，节省成本，避免发生重复购买相关材料的事情。道具师人数的多寡取决于拍摄时所需道具的数量，如果所需道具庞杂，则需要多位道具师来帮忙，经过事先周密的分工，他们不但能缩短道具的准备时间，而且在拍摄现场也能井然有序地调配各种道具，不给拍摄造成任何耽搁。

如果拍摄时有动物的演出,则需要由驯兽师在现场来控制。这是个极需专业知识与技巧的工作,尤其是要拍摄狗食或猫食等宠物食品广告时。这些驯兽师在现场根据导演的要求,指挥动物做出各式各样的动作和姿势。

12. 食品调理师

如果食物的烹饪与拍摄对你的广告很重要,那食品调理师就是你广告成败的关键人物。他要对拍摄的流程很熟悉,并作好充分的准备。食品调理师必须清楚地知道他在拍片现场,要在很短时间内准备好许多拍摄所需的美食。烹饪、处置食物的地方也必须离拍片现场很近,才能及时把热腾腾的食物送到摄影机前面。经验丰富的食品调理师会在真正开拍以前,准备一份替身食物用来供灯光师和摄影师对摄影机及灯光进行调试。食品调理师在这时候通常都需要一到两位的助手,他可以自带,也可以让剧组里的其他人临时帮忙。

13. 化妆师与发型师

如果广告里有演员的特写镜头,或者是化妆品及美发等用品广告,那化妆师与发型师这两个人的重要性就更加突出了。拍摄比较简单时,这两项职责可由一个人来完成。

14. 服装师

如果你的广告动用许多演员而且服装式样在片子里很重要,或者想让产品拍摄起来很时尚,那就需要一个服装师在现场烫熨、美化演员或模特儿们穿戴的服饰。他将需要有个可挂衣服和放置熨衣板、熨斗的空间。考虑周到的还会准备一台缝纫机,有时候,连洗衣机和干衣机都需要准备。

除非剧情对服装有特殊的要求,一般的拍摄并不需要为演员定制服装。那些从事表演的男女都是一些时尚人士,他们自已有各式各样的服装可供拍摄使用,在拍摄时会按照要求自带服装,不过需要他们多带几套服装时,应适当地付他们一些服装使用的费用。

15. 监护人

如果你的广告里需要小孩子或者婴儿的角色,他们的父亲或者母亲将以监护人的身份出现在拍摄现场,照料他们,负责他们的衣食起居和安全,并在必要的时候协助导演对他们进行表演方面的启发和指导。

16. 特殊效果人员

特殊效果人员就是拍片现场的魔术师。如果你说想要有雨，那么无论雨是要下到棚内或外景，他都能为你创造出一场雨来，而且是从毛毛细雨到倾盆大雨，各种雨应有尽有。特效人员甚至也已为你多准备了一场雪、一场火，以及一场相当震撼的爆炸特效。他们还能把人吊起来飞来飞去，或魔术般地打开房门，或制造出其他的各种视觉魔法。

17. 剧照摄影师

如果在拍片期间，你要拍摄一些演员与工作人员高质量的剧照以便日后宣传之用，就需聘请一位专业的剧照摄影师在现场帮你拍照。该摄影师必须能够及时抓拍一些场面，并不影响影片的正常拍摄。给演员拍照时如果有特殊要求，可在片子的拍摄间隙让演员按照要求单独进行拍摄。

18. 发电机操作员

发电机操作员是位操作可移动式发电机的专业电子工程师，而这部发电机可在外景拍摄时提供电源，或用以补足室内拍摄光源的不足。发电机操作员的职责就是不断地监看电流是否通畅。如果电源不够稳定，灯光强度便难一致，这样对影片会造成视觉上的负面影响。另外，如果这部发电机需要安装在卡车上，还需要再聘用个司机才行。

19. 车辆驾驶员

拍片所需的各型车辆驾驶员统称为车辆驾驶员。如果需要出外景，可能就需要一部装备车、一辆发电机卡车、一台起重机以及一辆满载各类外景常用道具的道具车。这车上当然还装有灯光师傅们的胶带，这些强力胶带，能结实地把所有拍摄器具牢牢地粘捆在一起。

以上所有这些技术性工作人员都需与助理导演及摄影人员建立起联系，但一切监管权都在导演一人手里。拍摄时，整个命令系统的层级次序是这样的：从导演，到助理导演，最后到摄影人员。工作人员所属的各部门都有各自的负责人，即使是车辆驾驶员，也应该有一个车队队长。

正因为任何拍摄运作都需要许多人的参与,因此对人员的组织工作就显得很重要。一个组织良好的团队可以在一个工作日完成许多任务;但若是组织松散、指导无方,或是指挥系统毫无章法,即使人手多,也只是浪费更多的时间,并不能保证拍摄出一支高质量的广告片。

二、召开 PPM

PPM(pre - production meeting,摄制前会议),是以合理的预算和有效的方法制作高质量的影视广告为会议主题,从 1990 年开始在全世界广告界启用的制度。它可以统一广告主、广告公司和制作公司三方在影片风格、摄制方案和布景、演员等方面的意见,消除相互之间对一些拍摄细节的歧解,达成一种三方确认,形成共同的意愿和目的,减少制作过程中不必要的预算、时间和人力浪费。

召开 PPM 一般是在广告拍摄合同(请参看合同书样本)已经签订,广告公司与最后确定的制作公司对于影片拍摄进行了充分的沟通,拍摄的第一期款额已经打进制作公司的账户,团队搭建、布景设计和演员挑选等一些拍摄准备工作已经展开的时候举行。

广告拍摄合同书

合同书

甲方:北京×××公司(以下简称甲方)

乙方:北京××广告有限公司(以下简称乙方)

兹由甲乙双方根据《中华人民共和国广告法》、《合同法》及相关法律、法规,经过协商,拟定此份合同书。

第一条　乙方受甲方的委托在签定合同后的一个月内完成××广告片的前期拍摄和后期制作等具体工作。

第二条　本制作项目具体包括:

1. 拍摄;

2. 后期制作;

3. 剪辑成 30 秒,15 秒,5 秒三种版本;

4. 最后提供一盘录制了以上三种广告剪辑版本的数字 BETACAM 带。

第三条　甲方有权对乙方的工作进行指导,提出修改意见,直至甲方满意为止。

第四条　甲方可以随时监督乙方的拍摄、制作过程。

第五条　为了确保乙方工作的顺利进行,有关资料由甲方收集并提供关于项目的详实资料,以供乙方参考。

第六条　双方应当保持紧密的联系,一旦出现问题及时沟通,以达到最佳的解决效果。

第七条　拍摄实施过程基本以甲乙双方沟通的意见为主,乙方有义务接受甲方的监督,接受甲方合理的意见。

第八条　具体摄制款额为×拾×万元整。(￥　××0,000.00)

第九条　付款方式为合同签定之日起甲方预付乙方总款额60%,计:×万×仟元整,剩余款额×万×仟元整将于摄制制作完毕、验收合格,当即付清。甲方并向乙方出据验收合格单。

第十条　其他未尽事宜,由双方协商解决。

第十一条　××广告的版权为北京×××公司所有。

第十二条　此合同一式四份,甲、乙双方各执两份,合同自盖章之日起生效。

甲方:北京×××公司　　　乙方:北京××广告有限公司

(公章)　　　　　　　　　(公章)

签字代表:　　　　　　　　签字代表:

签署日期:200×年×月×日　　签署日期:200×年×月×日

1. PPM 报告

在召开 PPM 之前,制作公司要用 PPT 文件格式制作一份 PPM 报告和其他资料,以便在会上说明、展示相关情况。PPM 报告一般包括下列内容:

(1)广告主和广告公司职员的职位、姓名、电话号码。

(2)制作公司相关职员的姓名、所属部门、职责、电话号码。

(3)含创意说明的文字脚本和故事板。

(4)摄制分工明细表,要把广告公司、制作公司和广告主在摄制时各自的职责进行详细的说明和分配。

(5)导演分镜头脚本(样本见图 11－1)。

(6)摄制日程表(样本见表 11－1、11－2)。

(7)演员的站姿照片以及试镜录像带。

(8)事先录好的 CD 或者录音带(如果有的话)。

(9)布景设计图。

(10)主要大、小道具的照片或者实物。

(11)发型、化妆样式、时装等资料图片。

(12)产品的样本。

(13)在国外拍摄时当地雇员的履历资料。

(14)制作预算估价单。

(如果需要外景拍摄的话,还需提供以下资料)。

(15)外景地照片及录像带。

(16)外景拍摄地点和住宿地点的位置图。

(17)天气预报以及当地与拍摄相关的其他资料。

2. PPM 内容

会议的时间确定后可选择广告主、广告公司和制作公司其中一方的会议室举行,三方参与广告拍摄的人员都要参加,他们包括广告公司的创意人员和客户代表,制作公司的导演、助理导演、摄影、制片和美术人员等,广告主广告部门的负责人、工作人员及产品技术人员。如果影片是一支预算庞大的重要片子,三方公司的总经理或副总经理也要亲自与会,以便当场对一些重大事宜进行拍板决定,这样省却层层汇报的麻烦。

会议一般由广告公司的客户代表主持,他要对拍片事宜和三方主要人员都比较熟悉,并能把握会议的程序和节奏,以保证所有的议题都会被讨论到,提高会议的效率。会议的主要内容就是对上面 PPM 报告中的事项逐一进行讨论。

(1)创意还需不需要做一些小的修改?为什么?怎样修改?这些修改对制作费有没有影响?

(2)摄制分工是否合理,如果不合理应如何重新分配?

(3)摄制日程中的进度是否需要调整?为什么?制作公司能否如期完成影片的摄制工作?

(4)对已经挑选的演员是否满意?如不满意,应挑选什么样的演员(包括身高、脸型、身材和气质等)?

(5)对广告音乐要什么意见和要求?

(6)布景设计还需不需要修改?是需要局部修改,还是推倒重来?

(7)道具是否合适?各种道具具体的数量是多少?

(8)发式、化妆和时装是否合适?

(9)需要多少产品样本?产品怎样操作?产品何时运到拍摄现场,交给谁?

(10)外景地是否符合要求?如不符合需要重新挑选一个怎样的外景地?

(11)最核心的部分:导演关于广告拍摄的阐述和拍摄内容的具体说明,各方是否满意?如果不满意,需要做怎样的修改和调整?

总之,所有的拍摄事项和细节都要在会上予以充分的讨论,并需要最终达成一致的意见,并保证各方清楚地知道拍摄时需要自己履行的职责和如何具体实施,以免拍摄时扯皮、推诿和发生误解,以至于影响正常的拍摄工作,闹得大家最后不欢而散。但 PPM 也不是为了日后推卸责任而召开的,凡事只要广告主点头同意就行,而不顾其真正的效果。当 PPM 召开时,广告主、广告公司和制作公司应该是亲如一家的兄弟,大家必须齐心协力去实现广告片的拍摄目标。相反,如果广告公司和制作公司在 PPM 上利用一些专业知识联手去"对付"广告主,那就意味着一条粗制滥造广告片的即将出笼和接下来无休止的法律诉讼。

广告公司和制作公司要记录 PPM 上确认、决定的事项,会后制作成类似会议纪要或者备忘录的报告,分发给参加会议的主要人士。

按照广告片的内容,PPM 也有召开多次的情况,但每次召开必须要有效率并能确认某些事项才行。

三、拍摄的准备工作

1. 外景地选择

外景选择一般是由助理导演或者制片来完成。如果导演有充裕的时间,也会亲自参与外景的选定工作。在进行外景遴选时,要留意以下的问题。

(1)按照故事板上的镜头景别和拍摄方向,对候选地点进行拍摄。

(2)对候选地点进行比故事板画面范围更广的拍摄(如果未来的拍摄要使用广角镜头,选景时也要使用广角拍摄),或者通过左右摇摄来判断周边的情况。

(3)拍摄场地 A 与 B 不是同一地方时,确认它们之间的距离和到达需要的时间。

(4)确认每个季节里外景拍摄地气温的平均值。

(5)确认跟太阳有关的自然条件,如日照时间、涨潮退潮时间以及方位标。

(6)确认在候选地点拍摄时是否收费。

(7)确认当地的有关部门对出入该地点是否许可,以及收费情况。

(8)确认设备和工作人员的交通运输方式。

(9)确认当地是否有大型的施工或工程。特别是在靠近居民区拍摄时必须事先得到他们的允许,以免有突发事件发生。

(10)确认该地点是否有重要的风俗习惯或是什么禁忌的事项。

2. 导演分镜头脚本

导演根据文字脚本和故事板提供的创意与画面,经过总体构思,将未来影片中准备塑造的声画形象,通过分镜头的方式予以体现。制作分镜头脚本可以看作是一个二次构思的创造过程。

在这个过程中,有一个不可忽略的问题,就是不能为了一味地追求表现手法,而脱离整个创意的思路,最重要的是不要忽略对产品的表现和产品信息的传达。

分镜头脚本是导演为影片设计的施工蓝图,也是影片摄制组各部门理解导演具体要求,统一创作思想,制订拍摄日程计划和估算影片各环节摄制成本的依据。分镜头脚本大多采用表格形式,格式不一,有详有略。分镜头脚本与故事板的最大区别就是分镜头脚本根据实际拍摄的需要,常常会打乱故事板上的镜头顺序,而且分镜头脚本大都采用手绘的形式。图 11 - 1 是一个分镜头脚本的样本。

分镜头脚本要对场景设计和摄影角度等提出具体的、独具特色的方案。怎样拍摄,每个镜头的长度是多少,每种作业以什么样的方式完成等都要具体写出来,景别大小,摄像机运动,照明和主光的方向,演员的动作和台词及道具的摆放位置等,所有拍摄事项都要在分镜头脚本上注明。分镜头脚本完成后,在拍摄准备阶段,就要提供给各部门的工作人员,他们要按这个设计来确定自己要完成的工作和前后顺序等。

对可能发生的意外事件要提前做好各项准备。特别是在外景拍摄时,可能要根据当地的情况,随时变动分镜头脚本,因此,演员要对此随时做好准备。

shooting rundown　　　　　　　　　　　　　　　　　　　2005 - 3 - 6

product:　　　　title:　　　　dur. : 30 "　　　　lang. :国/粤语

no	scene	V/O	remarks
1		男:许多口腔问题都是由细菌引起	at least 3" shot wide and medium shot
2			medium shot
3			close up and medium shot add drink shot close up
4			medium wide shot
5		刷牙并不能完全解决	medium wide shot at least 3" more

续表

no	scene	V/O	remarks
6			medium wide shot speed up hand close up
7			medium wide shot
8		男旁白:口感刚刚好。	
9	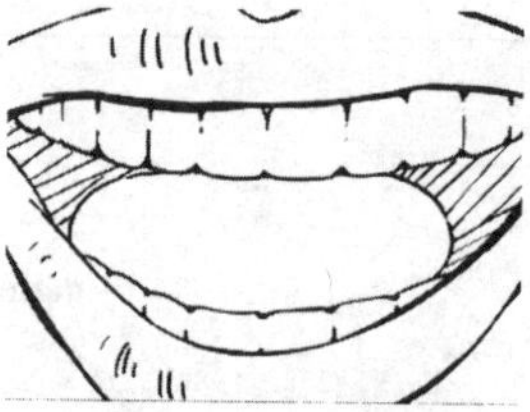		
10			actural set back- ground

续表

no	scene	V/O	remarks
11	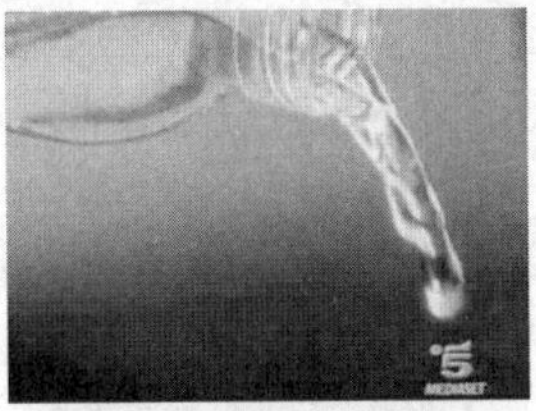		abstract set background product and product throwing
12			abstract set background
13	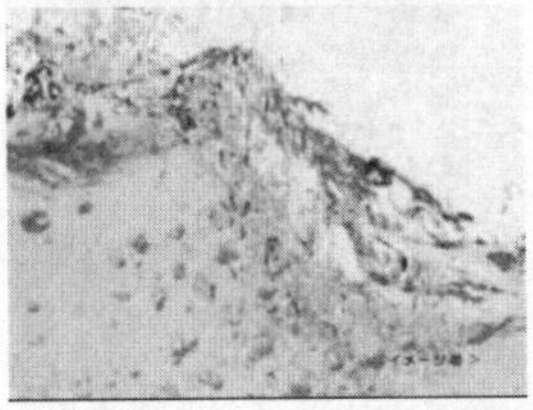		abstract set background

图 11－1　导演分镜头脚本

3. 风格设计

导演和摄影师首先要决定广告片的风格。风格设计是摄影、灯光设计的基础。每个部门的人员为营造符合产品或故事内容的氛围做风格设计时，其观点往往很难一致，因此使用一些影像资料作为参考是非常有效的。

如何进行拍摄是风格设计具体化的第一步。拍摄风格确定下来后，拍摄和编辑的详细方案就可以进一步深化了。作为影片风格设计要素的气氛和基调有以下几种：

(1)气氛和基调

①正常气氛(一般正常的基调)——日常舒适的氛围。

②明亮的气氛(整体画面都很亮，很少有暗的部分)——画面明亮、平和、愉快。

③阴暗的气氛(画面整体都比较暗淡沉闷)——沉闷、悲伤，或有紧张感。

镜头是广告影片最小的构成单位。镜头景别大小和表现内容可以左右整个作品

的风格和节奏,所以确定每个镜头的大小和构图非常重要。一般常用的景别和构图有以下几种:

(2)人物的大小

①全景——人物全身。

②中景——膝盖以上。

③近景——腰部以上。

④中近景——胸部以上。

⑤特写——整个头部。

⑥大特写——脸部的一个部位。

(3)景观的大小

①辽阔的景观。

②全景。

③中景景观。

④景观的一部分。

⑤景观局部特写。

(4)拍摄角度

①俯拍——从上向下的俯角度拍摄。

②平拍——与视线水平的平角度拍摄。

③仰拍——从下向上的仰角度拍摄。

平拍是影视拍摄中经常使用的拍摄角度,给人的感觉比较稳定、真实,符合现实生活中人眼观察事物的习惯,因此常用在表现日常生活的拍摄之中。平拍时为了使画面不那么单调,常采用运动摄影,来产生一种变化和不安定感。

为了使画面有变化,常使用仰拍,特别是在拍摄建筑物或表现出一种威严感时会有很好的效果。俯拍在拍摄人物和风景时感觉不一样,在拍摄人物时会有孤独感,而拍摄风景时会产生一种安定感。

(5)运动摄影

①固定摄影。

②摇摄——左右水平摇摄或上下垂直摇摄。

③跟拍——跟随被摄物拍摄。

④使用轨道的移动摄影。

⑤推镜头:从全景到特写;拉镜头:从特写到全景。

⑥移动拍摄——利用移动的车辆或升降机进行移动摄影。

⑦斯泰尼康摄影——使用斯泰尼康的移动摄影。

4.视觉效果设计

(1)布景设计

布景设计人员应充分理解广告片的概念和分镜头脚本后,再设计布景的图样和规模。布景是决定画面构图和摄影机机位的主要因素。摄影棚各种布景的线和面的结合,应对电视画面起到强化的作用。布景的主色调与演员的穿着有着密切的关系,因此,演员的服装、化妆及发型应与布景的氛围相协调,要起到相互映衬的作用。

设计布景时先要确定基本的布局,再根据拍摄内容以及摄影机的移动范围进行具体的设计,然后对色调进行调整并确定大小道具的位置。

(2)大小道具

选择道具前先要确定广告片里所需的道具有哪些,因为购买或租借大道具像家具、厨具等大型物品所需的费用很高。小道具应选择与广告产品相关的生活中常用的物品。小道具可以反映生活中的细节,在选用现成的产品作道具时,要有充分的市场调查,谨防使用竞争产品或其广告中使用过的物品。

大道具和小道具及摆设的各种小物品,其色泽与形态不应分散观众对产品本身和演员的注意力。

(3)演员造型

在广告片里,要保持一种统一的风格,就要对演员的发型、化妆、穿着和饰品进行整体的协调,并且要考虑与背景及周围颜色的搭配。他们都能够表现出广告片的风格和特色。

当片子中演员很多时,要在造型的统一性和差异性之间保持一种平衡。特别是主角和配角之间在协调一致的同时,还要表现出他们的不同。

广告片的内容不同,化妆、服装设计、形象设计的风格也就不同。当广告要着重表现化妆样式时,当然就要在化妆的独特性方面下足功夫。如果影片情节表现的是日常生活,就以自然妆为好,要让观众看不出演员的妆是刻意化的。

发型要按化妆的样式确定,要与演员的脸型适合,这一点非常重要。服装饰品的颜色和样式,取决于人物、产品以及广告所表现的时代背景,但也要考虑化妆样式和发型。

5. 制定日程表

大部分广告影片的播放日期(这个日期在行内也被称为“出街日”)已经提前预定好,所以摄制日程表的制定要从其播放日期倒推计算,并且要尽可能为影片拍摄中可能的延误、修改、审查等预留充裕的时间。一般来讲,影片的最终完成以比播出时间提前一个月为宜。比如,如果影片的投放日期是 11 月 8 日,这样倒推影片的交片日期应该在 10 月 8 日。这意味着 10 月 8 日之前,影片的拍摄、制作和修改必须完成。摄制日程表就要以 10 月 8 日为死限进行工作排期,并且所有的事项最好提前完成,不能拖延。拟定日程表时要预测有可能发生的各种变动,并对其做出合理的安排。表 11 - 1 是某制作公司为国外外景拍摄制定的日程表,而且在日程安排上考虑到了大牌明星的档期问题。表 11 - 2 是在摄影棚内拍摄的摄制日程表。

表 11 - 1　国外外景摄制日程表

日　期		拍摄日程(SHOOTING SHEDULE)	
11/16	星期一	PPM 准备	
11/17	星期二		
11/18	星期三		
11/19	星期四		
11/20	星期五	召开 PPM	
11/21	星期六		
11/22	星期日	澳洲选景出发	
11/23	星期一		
11/24	星期二		
11/25	星期三	拍摄组出发	
11/26	星期四	拍摄场地搭建	×××(某大牌明星)出国(若电影拍摄结束)
11/27	星期五	拍摄	×××出国
11/28	星期六	拍摄	×××回国
11/29	星期日	摄制组回国	
11/30	星期一		胶片冲洗,胶片转磁
12/1	星期二	AVID 编辑	
12/2	星期三		
12/3	星期四	录音合成	
12/4	星期五		
12/5	星期六	内部审看	
12/6	星期日		
12/7	星期一	精编	
12/8	星期二	给广告主审查	
12/9	星期三	确认审查结果	

表 11-2 摄影棚拍摄日程表

Mon	Tue	Wed	Thu	Fri	Sat	Sun
2006-2-20	21	22	23	24	25	26
First PPM				Second PPM		
27	28	2006-3-1	2	3	4	5
						Shooting day (one)
6	7	8	9	10	11	12
Shooting day (two)	film processing	Offline editing	Offline editing	Final TC (HK)	Online editing	Online editing
	TC one-lite					
13	14	15	16	17	18	19
Present to client	Revision	3D mixing (video)	VO recording	Tape ready		
			Audio mixing			
20	21	22	23	24	25	26
27	28	29	30	31	2006-4-1	2
3	4	5	6	7	8	9
Job:watch 漱口水/除菌液						

6. 演员挑选及签约

使用明星、模特或者一般演员，要从经纪中介公司推荐的人员中进行挑选。演员与演出相关的所有法律事务，均与其公司交涉签订。合同内容包括广告片投放的时间、使用的媒体、播放区域及期间对演员接拍其他广告（特别是竞争对手的广告）的限制等。当演员是影视明星时，一般由广告主或广告公司与其直接签约。

当经纪公司推荐模特、演员时，要让其多推荐几个人选，提供模特资料时除了各种类型的照片之外，还要提供摄像机拍摄的该模特的特写、中景和全景镜头。在这些镜头中，还要有录制了对白的镜头。对模特笑容的考察特别重要，因为笑容可以说明演员的一切。以下是挑选模特和演员时需要注意的事项，使用外国模特同样也要确认下列事项。

(1)是否与广告策略以及产品的形象符合

选择的标准一般是演员的形象是否与广告策略和产品形象相符，有时也要考虑演员在影视剧或者电视节目中饰演的形象，是否符合广告片的风格。

(2)是否出演过竞争对手的广告或竞争对手赞助的电视节目

确认演员已经出演过哪些广告片，出演这些广告片时广告主对他们有什么限制条款。

(3)对通过照片或录像选中的模特进行面试

通过照片或录像看中某位演员后，必须在经过面试后才能决定是否使用她(他)。模特中介公司提供的照片或者影像，并不全部都是近期拍摄的，可能包含很久以前拍摄的资料。所以，必须对模特现在的状况通过面试予以确认，考察他们是否有照片或影像资料中没有表现出来的坏习惯、坏脾气或演技上的缺陷。面试时，不仅要对其整体形象进行考察，还要考虑与其他演员之间的搭配问题。

(4)实际年龄与电视上的年龄是否差异很大

从照片和录像资料上看到的年龄，经常与实际年龄有差异，所以面试时，要观察演员的走路姿势以及神态，他们能透露出演员的真实年龄状况。无论化妆技术再高超，毕竟演员在不同的年龄段，会有不同的神情和形象。

(5)考察音质

在摄制一部大型广告片时，同期录音需要各种不同音质的相互搭配。

(6)是否有必要的证书或特殊技能

确认是否有演出所需的各种证件，如护照、驾照；确认是否有体育特长或恐高症等。

(7)是否有丑闻

确认在广告开拍时是否有丑闻。丑闻对企业或产品都有直接的影响。要与广告主协商决定广告拍完后演员发生丑闻的处置办法。

(8)广告主是否有不便明说的对使用演员的限制

企业或企业老板一般情况下都有一些禁忌的东西。

(9)所要求的演出费是否合理

确认演员所要求的演出费用是否在预算之内，超出的部分是否可以得到广告主的补偿。

(10)实际拍摄时是否有档期限制

演员可能会因为影视剧拍摄或电视节目制作等原因影响广告制作日程。要确认拍摄日程是否与他们的档期有冲突。

使用外国模特或演员时,签合同一定要聘请专业律师参与。因为如果事先对各种细节问题没有详细地进行确认,拍摄时,模特可能会以其本国惯例为由提出不正当要求或要求额外的报酬。与国外模特签约时要确认下面一些内容:

①媒体限制——广告拍完后,可以使用模特形象的媒体有哪些?是只限于电视台播出的广告片,或者也可以用于企业宣传片以及平面媒体中?

②时间——广告片播出和结束的日期。

③区域——广告片是在部分地区、全国或者国外播出?

④竞争产品——当演员为竞争产品拍摄广告时有哪些限制?是一年之内不得出演竞争产品的广告,或者出演的竞争产品广告不得在国内播出等等。

⑤报酬——演出费数额、支付方式以及支付期限。

⑥确认——本人或所属公司对合约内容签字确认。

复习题

1. 在拍摄团队中各成员的职责是什么?
2. PPM 报告包括哪些内容?
3. PPM 要讨论的事项有哪些?
4. 广告拍摄合同的要点有哪些?
5. 选择外景地时要注意哪些事项?
6. 与广告片风格相关的元素有哪些?
7. 画面视觉设计要注意哪些方面?
8. 挑选演员或模特时要注意哪些事项?
9. 与国外模特签约时要注意哪些事项?

练习题

1. 依据一个广告故事板,想象拍摄时的实际情况,画出它的导演分镜头脚本。
2. 制作一个外景拍摄广告的摄制日程表。

第十二章 开拍了

开拍日是一个既兴奋又让整个剧组感到紧张的日子，也会有一些剧组会在开机之前祭拜天地来祈福拍摄顺利。广告片拍摄是一个由很多环节和无数细节组成的过程，任何环节和细节出现问题，都会给拍摄造成影响，或者拖延拍摄的时间，或者影响片子的质量。因此，周密的前期准备，各部门间默契的合作，导演对拍片节奏和效率的掌控，将对拍摄一部成功的广告片发挥重要的作用。

一、拍摄时要注意的问题

1. 需要确认的事项

虽然下列事项几天前已经准备、沟通完毕，但在片子开拍的头一天，需要对它们予以确认，这项工作一般由助理导演或者制片来完成。

(1)确认摄影机、摄影云台、轨道等拍摄器材的预订和到达现场的时间；

(2)确认灯光器材的预订和到达现场的时间；

(3)确认同期录音器材的预订和到达现场的时间；

(4)确认美术部分的准备状况；

(5)确认拍摄日程安排和拍摄顺序；

(6)根据拍摄顺序确认各拍摄环节需要的道具等物品是否到位；

(7)外景拍摄时，根据拍摄日程确认天气预报及各种环境因素，并制定应急方案；

(8)确认全体工作人员到达现场的时间；

(9)确认拍摄现场的联络人和联络方式无误；

(10)确认交通状况；

(11)确认拍摄产品所需的各项物品是否准备到位及到达现场的时间；

(12)为了预防万一，对可能发生的停电、演员伤病等紧急状况，制定必要的预备方案。

问题常常都出现在一些细节上,一定要非常注意所有的细节。即使拍摄很简单,每个时间段的拍摄内容和拍摄顺序也必须事先发到每个工作人员手中,各工种的负责人要按照这个拍摄顺序表安排工作。

以上所有事项必须确认无误,并报告导演。如有任何差错或遗漏必须予以及时的补救和调整,否则,开机后就会出现不应有的混乱。

2. 拍摄程序

广告片的拍摄基本上都是跳拍。开拍时的基本程序是,先难后易,先复杂后简单。比较复杂和有同期录音的场景要先拍摄,产品或演员特写和不需同期录音的镜头放在后面拍摄。广告拍摄既需要专业和技巧,又需要精力和体力。刚开始拍摄时,演员和各工种工作人员精力比较充沛,情绪比较饱满,这时拍摄比较复杂、难拍的场景,大伙儿劲头很足,很容易获得满意的拍摄效果。后阶段的拍摄大家会因为劳累和注意力不集中而很难发挥出应有的水平。同期录音的镜头放在前面拍摄是考虑了以下两种因素,其一,刚开拍演员的状态比较好,能够把肢体动作、表情和台词完美地结合起来,这时即使为演员多设计几种台词方案他们也能很好地完成,否则,在拍摄的后半段进行同期录音拍摄,演员会因为疲劳而把台词说得干巴无趣或与表演动作南辕北辙。其二,先把同期录音的场景拍摄完就可以让录音人员先期收工离开。拍摄现场人数的减少不但可以节省经费,而且人员越少,片场越安静,导演就越能专心致志地进行拍摄。因此,不论是录音人员、演员或其他工种的人员在完成自己的拍摄任务后,也没有必要继续留在现场看热闹。但这样做必须要有百分之百的把握,不然当需要重拍或者补拍时发现相关人员已经离去,那就将会得不偿失。

每次开机前,导演都要发出清晰的指令。一般是这样的程序:导演先喊:“现场保持安静,各部门注意!”,这意味着让现场所有人员不要说话和随意走动,各工种集中精力进入工作状态。然后稍微拉长嗓音高喊:“预备——”这时,摄影师启动摄影机并检查运转是否正常,同期录音人员启动录音设备并进行检查,演员进入表演状态。如果摄影机或者录音机出现异常情况,要马上报告导演。如果一切正常,导演在停顿几秒后喊:“开始!”因为摄影机和录音机在之前都已开始工作,这一指令实际上是对演员发出的,演员在导演口令结束后,要马上进入表演状态进行表演。

图 12－1　布光

如果在拍摄过程中需要换景，这一过程要进行得干净利落一些，漫不经心或拖泥带水不但影响速度，而且也会对一些设施造成损坏，延误拍摄的进度，影响整个团队的士气。趁换景的当儿，其他人员可以稍事休息，导演可以构思下一场戏的拍摄或对演员进行指导。

导演必须要把广告中的所有镜头拍完，由于疏忽而漏拍镜头的事情也时有发生，这会给后期剪辑造成很大的麻烦，因此场记或助理导演及时地提醒很有必要。镜头的时间长度必须精确，场记或助理导演在拍摄时要拿着秒表，精心计算每个镜头的长度。30 秒钟的广告片不允许有哪怕是 5 帧的误差，如果一个镜头的长度超过了拍摄前设计的时间，拍摄下一个镜头时就要有所调整，以弥补上一镜头的时长。

每个镜头导演会按照分镜头时的构思进行不同景别和角度的拍摄，有时导演也会根据现场的情况在按原构思拍摄完毕后，临场发挥多拍摄几条，以便为后期的剪辑提供充足的素材。总之，广告片与影视剧比起来在镜头画面上更加需要精雕细刻，每个镜头总要多拍摄几条才行，尤其是对广告所要宣传的产品。前面说过，产品才是广告片的真正主角。客户最后对片子进行验收时，首要的标准就是产品是否在广告片里得到充分、完美的表现。如果产品画面不漂亮、不独特，遗漏了需要展示的细节，误导了产品信息，那这条广告片能否在客户那里通过就很值得怀疑。通常会把产品放在最后来拍摄，这时候大部分人员都已离去，现场安静很多，摄影、灯光和美术经过多次的磨合更加默契，整个团队可以静下心来在产品身上下足功夫。

图 12－2　使用升降云台拍摄

摄制组的午餐或晚餐以盒饭为宜，这样可以速战速决吃完后稍微休息一下马上投入拍摄。就是有大牌明星参演，他（她）也要和大伙儿一起吃盒饭，如果其助理为他们准备了特别的膳食，他们尽可享用但时间也不能过长。可以喝些饮料但不能喝酒，无论就餐或拍摄期间都不能喝酒，啤酒、葡萄酒和白酒什么酒都不行。喝酒容易使人犯困，而且有时也会滋生事端。有时广告公司会陪着广告主方面的人员去餐馆就餐，但也要在开拍之前及时回到现场，否则整个摄制组会无所事事地等着他们回来而造成士气低落。用餐后的休息时间不宜太长，以 10－15 分钟为宜，休息时间过长不但影响拍摄进度，而且让人产生懈怠情绪。

3. 演员指导

长期以来，国内广告影片在演员表演方面存在很大的不足，主要表现为演员（包括大腕明星）表演虚假、生硬，或过分夸张，缺乏生活感。这主要是以下因素造成的。许多演员参加广告片的拍摄远没有他们参加影视剧那样认真，虽然他们出演广告的报酬远远高于影视剧，但他们心里觉得影视剧是艺术，必须认真对待，全身心地投入，而广告片属于纯商业行为，对付一下就行了。而且广告片的拍摄大部分一天时间就全部拍摄完毕，也没有充裕的时间让演员去体验角色，或者进行充分的排练。再者，一些演员是第一次出演广告，在广告演出方面缺乏经验。广告片的表演与影视剧相比，有很大的不同。几十秒钟的时间长度要求演员必须在一个瞬间完成表演，不会像影视剧演出那样从容,可以充分发挥。

另一方面,大部分的广告导演在指导演员演戏方面没有影视剧导演那么有经验,并且在广告拍摄现场需要他来操心的事太多了,常常会缺少足够的精力和时间来指导演员。因此,我们常常会看到演员们匆匆来到现场,很快拍完拿了劳务又匆匆而去。但无论如何,导演在现场对演员的指导要有鼓动性并具备一些技巧,看看著名导演李安在执导《断背山》时,是如何指导两个男演员激情热吻的。“我对杰克和莱杰(片中两个男主角)说,你们一辈子也不可能这么用力地去吻一个女人,所以,请给我最英雄主义的激情热吻!他们的确按照我的话做了,还差点因此弄断对方的鼻子。”①

图 12-3 演员试镜

4. 做一个聪明的客户

一些客户出于对广告公司和制作公司的信任,或者因为其他事情实在抽不出时间,所以在广告开拍时不来现场,只是在广告片制作完成后进行审查。但由于投拍广告片对一个企业来说是一项重大举措,广告片的质量直接关系着企业的形象(有人说,广告就是企业的脸),绝大部分的客户会在开拍那一天出现在现场,给导演多多少少带来些压力。聪明的客户决不会为了显示自己的存在而对拍摄进行干涉或无缘

① 《看电影》,2006 年第 6 期,第 47 页。

无故干扰导演工作,给他们施加压力。他们站在一旁像隐身人一样,大部分时间默默无语地观察拍摄的进程,只在必要的时候才发表一些富有建设性的意见,或者当摄制组就产品相关的问题请教时给予正确的指导。

在拍摄现场,如果有太多人向导演提意见,会使导演思维混乱,因此向导演提建议必须仅限于助理导演。对于自己所担忧的问题,广告主和广告公司必须先和助理导演商量,再由助理导演传达给导演。另一方面,如果导演在现场提出一些新的拍摄想法,或者对原先的拍摄方案有改动,也必须与广告公司和广告主商量后才能实施。同样,除非得到广告公司和广告主的同意,导演不能擅自篡改演员的台词和广告语。

最糟糕的客户是那些以为自己是广告片的投资方,在现场颐指气使,盛气凌人,不懂装懂,对所有的一切横加干涉,最后弄得大家无所适从,把一个需要专心创作的过程演变为一个解释、请示的过程。在这种氛围下,能拍摄出什么样质量的作品就没有悬念了。成功的经验是,客户在拍摄和后期编辑时没有必要多发言,只要在 PPM 上进行了充分的沟通,就放开手让导演等专业人员去创作,在广告片验收时严格把关就行了。

二、拍摄方式

广告片拍摄有棚内拍摄、外景拍摄、外景地搭景拍摄等几种方式。在拍摄内容上分为基本画面拍摄和电脑合成素材拍摄。基本画面拍摄是指拍摄的画面可以直接编辑使用,电脑合成素材拍摄是指以后期电脑合成为目的进行的拍摄。因此,拍摄前要明确拍摄的手法和用途。

在电脑合成素材拍摄中,要注意光线的位置、画面中的距离感、色彩和色调的差异、物体移动的方向等,以免后期合成时产生差错。

1. 棚内拍摄

摄影棚的选择通常按拍摄内容分为大、中、小三种。选择摄影棚的标准是:

(1)符合广告拍摄所需的面积和高度;

(2)符合同期录音、化妆间、用水等条件;

(3)交通状况及附带设施没有问题;

(4)周边环境良好。

棚内拍摄大部分时候都会搭建布景,因此,预订摄影棚时,一定要考虑搭建和拆装布景所需时间。在棚内拍摄时,有可能同时还有其他的摄制组也在拍摄,所以事先要有解决相互之间干扰的措施。当天进行拍摄之前,助理导演一定要早早到达现场,再次确认以下事宜,并及时报告导演。

(1)布景搭建及色调搭配情况;

(2)各部门工作人员到位情况及各项准备工作情况;

(3)演员、广告客户代表、广告公司人员到位情况;

(4)详细的分镜头脚本、拍摄顺序表、音频播放器、拍摄设备的到位情况;

(5)所要拍摄产品样本的到位情况;

(6)需要保持新鲜的小道具或物品的保管情况;

(7)确认租用物品的到场时间;

(8)确认保证拍摄安全所需的物品;

(9)预订午餐或晚餐,并准备好饮料。

拍摄结束后,要用照相机或摄像机从多个角度对布景进行拍摄,并与其他资料一起保存起来。日后若拍摄该产品的系列广告片,或拍摄其他广告时,它们是非常有用的参考资料。

2.外景拍摄

在户外选择一个场地进行拍摄叫外景拍摄,找一个与广告片风格相符的场地,搭建必要的场景拍摄叫外景地搭景拍摄。不论哪种情况,拍摄现场的条件对于作品的完成非常重要,外景地的好坏直接关系到广告片的质量。当外景拍摄是以太阳光为主光源时,就要给每个场景安排合适的拍摄时间段。

导演要与摄影师一道,在现场对每个场景的拍摄时间段反复进行推敲后,才能开机拍摄。虽然要随着季节的变化而变化,一般在正午前后的时间段里,太阳的光线和角度都不太好,所以要尽量回避在这一时间段内拍摄。最好的画面光线大部分来自早晨。所以,在外景拍摄的那一天,早晨要早点出发,在现场准备就绪后,大家要等候合适拍摄时段的到来。导演和摄影师在物色外景地时确定的拍摄机位,在拍摄前一定要再次确认,因为太阳的位置随时都在变化。

助理导演和制片要根据拍摄进行的情况或周边状况随时确认天气情况。还要处理有可能发生的与当地居民的协调问题、个人财物保管问题,以及当现场拍摄条件达不到要求时,与相关机构协商等问题。以下是外景地拍摄需要注意的事项:

(1)按场地和时间安排各个场景的拍摄;

(2)确定拍摄角度;

(3)确认各场景之间的距离、到达所需的时间、交通条件等;

(4)确定拍摄的顺序;

(5)确认各场地每个场景所需准备的物品。

如果外景地拍摄时需要同期录音,要对场地环境进行考察,录音师也必须亲临现场,并携带必要的器材设备。要对以下事项进行仔细的考察,看看它们是否会对录音产生干扰。

(1)邻近的公路或街道;

(2)周边地区的施工;

(3)附近的游乐场、学校、歌厅、游泳池等;

(4)机场和能听到飞机噪音的区域。

还有一个不易察觉的噪音,那就是大海的波浪声。它的渗透力极强,到后期制作时你无法把它删除掉(有些在录音时不小心录进的噪音可以在后期制作时删掉,但这一过程非常麻烦和辛苦)。如果你需要波浪的音效,也要在影片剪辑完成后,把专门录制的波浪声,以混音的方式加灌进去。

3. 国外拍摄

如果在夏季里要拍摄外景是冬天的广告片,或者反之,就需要去澳大利亚、新西兰等南半球国家拍摄。另外,如果广告片需要国外独特的风光,或使用外国演员时,也会选择到国外进行拍摄。毋容置疑,国外拍摄将耗资巨大。

在国外拍摄,最重要的就是要选好在当地的合作方。当地合作方的能力,不仅直接关系到广告片的拍摄效率,也直接关系到广告片的拍摄质量。另外需要出色的翻译。他们不但要精通中文和对方国家的语言,而且熟悉广告的拍摄流程,对“镜头”、“布景”等术语的翻译也相当专业。如果找的翻译只是外语说得好,对广告拍摄很陌生,也没有接触过相关的术语,那在翻译的过程中就常常会使你一头雾水,不知所云。拍摄耽误在翻译的环节上也是得不偿失的事,所以要舍得用高薪聘请高水准的翻译。国外的外景地确定之后,当地合作方就承担起制片和助理导演的职责,在当地按照导演的指示开展工作。

参加国外拍摄的工作人员的护照有效期,预定机票所需时间,外国海关对一些拍摄设备和物品入关的限制、报关事宜等,都要提前进行确认。在 PPM 以前就要预定好往返机票,这样会有调整的余地。

航空托运拍摄器材和其他物品时，因为数量较多，可能会发生丢失的情况。因此，每件单独包装的托运物品都要有醒目的标签和货号，以便在当地准确无误地领取。到达当地后需要做以下事项：

(1)与当地工作人员讨论拍摄的相关事宜；

(2)考察拍摄外景地，并确定拍摄顺序；

(3)确认拍摄器材的准备情况；

(4)需要使用当地模特和演员时，要通过面试进行选拔；

(5)确认在当地拍摄需要注意的一些事项；

(6)再次确认回程机票以及海关报关等相关手续。

4.外景地搭景拍摄

需要选择特殊的场所作为拍摄场地，并搭建布景进行拍摄，叫做外景地搭景拍摄。在公共场所、私人家里，或样板房内拍摄都属于外景地搭景拍摄。有时也在野外搭建临时建筑或布景进行拍摄。

外景地搭景拍摄时，要对场地重新进行布置，因此需要搬运、搭建布景和摆放大小道具。而且要进行诸如架设灯光这样复杂的工程，发电车的噪音和工作人员的喧哗可能会给周围的居民和相关机构带来干扰，因此一定要事先与他们进行充分的沟通。特别是，剧组中比较昂贵的设备和物品，一定要事先告诉所有工作人员，在搬运和摆放的过程中要格外小心。

在外景地搭景拍摄过程中，注意不要破坏环境或周边的设施。不论是什么物品，大小器具，拍摄后一定要按照原状进行复原。所以在进行拍摄之前要准确地记下所有物品的位置，拍摄结束后把它们放回原处。事后的清场和复原，不管怎么说都应该是摄制组的重要工作之一。

5.特殊拍摄

(1)航空拍摄

航空拍摄一般需要租用直升机，是把摄影机固定在直升机的前面或两侧舱门上进行拍摄。直升机的租赁费用很高，从起飞到降落的全部时间都要算在租用时间里。直升机驾驶员的经验和能力直接决定着拍摄进度和拍摄质量。没有任何经验的普通驾驶员不但有可能浪费你的租金，而且会使你干着急而拍不到想要的效果，所以要选择有经验的驾驶员。

拍摄时间是从出发算起一直到落地,也许很多时间会浪费在飞行途中,所以一定要事先选好拍摄地点,并注意拍摄所需时间。飞行过程中一切以安全第一,开机拍摄后,摄影师专注于摄影机的取景器,他的视线范围有限,所以导演及其他人最好不要在这时对他发出任何指令。

(2)水下拍摄

水下拍摄,需要配备潜水装备,使用防水摄影机进行拍摄,通常由专门的摄影师操机,摄影师需要有潜水资格证。水下拍摄常常会有意外的危险情况发生,因此拍摄前一定要对水流、水温、水下地形等进行精确的测量,没有绝对的把握不可贸然下水拍摄。同时,对可能会发生的意外情况,事先要有准备措施。

(3)高速拍摄

一些物体的快速移动,人的肉眼很难识别,因此为了更清楚地表现某些特定场面,需要使用高速摄影机,它能把肉眼看不到的运动具体地展现出来。

高速拍摄是把摄影速度调到每秒1,000画格(前面我们讲过,正常的拍摄速度是每秒24个画格),因此不能使用普通摄影机,而要使用特殊的摄影机。子弹的发射,水滴的滴落,杯子在瞬间破碎等过程都需要使用高速摄影来拍摄。

6. 拍摄结束的善后事项

(1)现场清理

无论在国内外进行外景拍摄,拍摄完毕后都要对现场进行清理,使其恢复原貌,这是摄制组全体工作人员整体素质的体现。尤其拍摄是在当地居民的大力协助下完成时,就更要注意恢复拍摄现场的原貌。不要完全信赖在当地雇用的临时工人,他们会因为拍摄已经完毕而对现场清理工作草草应付。

拍摄会对环境造成污染。工作人员丢弃的空胶片盒、标签、烟头、废纸、饮料瓶等,虽然都是些小东西,但是如果留在现场,就会污染环境,给人留下不好的印象。强调时间紧来不及收拾,或认为就这一次,以后不会再来拍而不认真清理现场,就会在当地造成不好的印象或影响,当相关摄制组需要使用同一场地时,就有可能遇到麻烦。在这方面要像做其他任何事情一样,给自己和他人预留后路。

(2)胶片管理

拍摄完毕后的胶片是拍摄团队全体人员集体劳动的结晶,进入后期制作时也是从胶片的冲洗开始。所以,胶片的搬运、保管以及交接一定要格外小心,摄影师把胶片送到洗印厂洗印之前要注意以下事宜:

①确认胶片的拍摄完毕标识和拍摄顺序标识；

②指定洗印顺序；

③标明基本显像标准，以及增减标准；

④确认洗印完成日期；

⑤确保胶片交接手续完备齐全。

复习题

1. 广告片开拍头一天，需要对哪些事项进行确认？

2. 广告片一般的拍摄程序是什么？

3. 在拍摄现场，聪明的客户会怎么做？

4. 如何选择摄影棚？

5. 拍摄当天，需要确认哪些事宜？

6. 外景拍摄要注意哪些问题？

7. 国外拍摄要注意哪些问题？

8. 外景地搭景拍摄要注意哪些问题？

9. 航空拍摄需要注意哪些问题？

10. 水下拍摄需要注意哪些问题？

11. 拍摄结束后，对现场的清理工作包括哪些内容？

12. 胶片洗印前，要注意哪些事项？

练习题

到一个广告片的拍摄现场，实地观摩广告的拍摄过程。

第十三章 后期制作

影视广告的后期制作是一个二次创作的过程,相同的画面素材在不同的剪辑师手里会呈现不同的剪辑效果,这一过程实在是充满很多美妙的变化。与前期拍摄一样,为了保证后期制作的质量,并考虑到预算的要求,你要找到一个合适的剪辑机房和声音机房来进行后期制作。机房以前做过的作品,剪辑师的水平,影片的风格,都是你在寻找后期机房时要考虑的因素。这时,剪辑师很重要,高水平的剪辑师会帮你出很多好的点子,为片子增色不少。而那些低水平的剪辑师实际上只是一个操机员,他们只会操作机器而对片子没有一点想法,虽然他们价格很低,但最好还是少用,以免影响片子的质量。一般每位导演都会有长期合作的后期机房,他们对什么样的机房能出什么样的活儿心里有数,而且对各个机房的价格也很熟悉,所以在后期制作时也是导演负责制,在预算允许的前提下,由导演来确定剪辑机房和声音机房,并由导演来掌控整个后期制作的效果。

一、后期制作的流程

从拍摄结束到广告片最终完成的这个过程都属于后期制作过程,它包括胶片冲洗、胶转磁、画面剪辑、电脑合成等诸多环节。除了这些视频部分之外,后期制作还包括音乐、音效、对白、旁白等音频的制作过程。如果你的广告影片不是非常简单,那么后期制作将是一个复杂而且非常耗时的过程,它常常会超过前期拍摄的时间。

后期制作的流程一般是:胶片冲洗结束后,开始胶转磁,然后剪辑制作人员对所拍摄的素材进行粗编,也就是把前期拍摄的画面素材和对话等首次剪辑合成。粗编完成后,每个画面或声音需要的时间长度就能够准确地确定下来,此后就可以进入精编阶段。精编完成后进行正式编辑,然后把制作好的音乐、音效、旁白、对话等音频素材,与剪辑好的画面进行合成混录,这样一部广告片就大功告成了。

建一个后期剪辑机房,需要相当大数额的投资,而且还要不断追加投资来购置更新和更高级的设备,因此,后期剪辑通常都是租用这些投资不菲的专业机房来进行。机房的租金依其设备和制作水准而收费不一,顶尖级机房的价格比一般的机房常常要贵上好几倍。收费方式分包活儿和按工作时间计费两种,可以根据广告片剪辑需要的工作量,选择一个合适的付费方式。三维动画等电脑制作的影像有时会单独按照画面时长收费,其1秒钟的收费价格会有千元之巨。

今后,随着数字化时代的来临,非线性剪辑开始普及,Avid、Henry、Flame,Inferno等数字化剪辑工作站的出现,使后期剪辑不再是单纯的画面处理和剪辑,而是要创造出全新的画面影像。

二、粗编

1.胶转磁

对画面影像的处理通过两个阶段完成。第一个阶段是胶转磁,把冲洗后的35mm或者16mm胶片转换成录像带信号,在这一过程中可以对色彩进行过滤和调整。第二阶段是在剪辑过程中对画面影像进行进一步的完善。

在广告圈,胶转磁的过程也被称作是二次拍摄的过程,其重要程度不言而喻。拍摄完毕的负片,经过冲洗后直接进入胶转磁的工序。负片上的影像,由于每个场景在拍摄时灯光、布景等不同,所以其饱和度和明暗对比会大相径庭。胶转磁的操作师在转磁的过程中可以对色彩进行调整。而且,灰度、色阶的调整,对某一色调的突出以及上色等影像的再加工,都可以在这一过程中完成。如果拍摄是蓝幕拍摄,在转磁的过程中可以把作为背景的蓝幕"抠掉"(行内称"抠蓝")。但在剪辑时也可以进行"抠蓝",质量和费用这两方面的因素将决定"抠蓝"在哪个阶段进行。

胶转磁的质量取决于操作师本身的水准。操作师的能力和感觉非常重要,因为无论设备多么先进,最后的效果还是由人的脑子和眼睛来决定。在胶转磁时,色彩的还原也同时进行,所以摄影师必须在场,他要把转磁后的色彩与拍摄时的色彩进行比对,而且还要就转磁后画面最终所要达到的效果对操作师进行必要的指导。

胶转磁后的录像带,是前一阶段所有艰辛劳动的结晶,是你的命根子,一定要妥善保管,不能进水进沙尘,更不能丢失。而冲洗后的胶片也要在听取摄影师的意见后作为资料长期保存起来。

2.粗编

粗编是把前期拍摄的画面素材按照导演的意图进行首次剪辑。这一过程是为了把握广告片整体的节奏和风格，因此在这一过程中，可以把没有最终完成的电脑合成影像或声音素材也编进去看看效果如何。总之，粗编是进行正式剪辑以前，参与后期制作的所有工作人员坐在一起，把握一下整部片子的节奏，发现问题，并找出解决方案的一个过程。

剪辑一般分为线性和非线性两种方式。线性剪辑是用磁带进行剪辑，是从母带转录成 Beta、VHS、DV 等工作带进行操作。但不要忘记在转录时，母带与工作带上的时码一定要一致，否则进行正式剪辑时将会因找不到精确的画面位置而苦恼。前面已经讲过，如今基本上不再使用线性剪辑方式，而是使用非线性剪辑方式，即把磁带信号转化成数字化信号，在计算机工作站上使用视频数据进行剪辑。非线性剪辑的优势在于，可以随时很方便地调阅存在硬盘上的影像和声音，可以无限制地对画面进行复制，而不会影响完成片的画面质量，可以在不影响剪辑质量的前提下快捷地进行剪辑操作。以下是进行粗编时的两个步骤：

(1)挑选镜头

①按照拍摄时的顺序，把同一个镜头拍摄较好的画面挑选出来。

②故事脚本和分镜头脚本中本来没有，而是临场发挥拍摄的镜头，如果认为特别好，也要单独挑选出来。

③按照故事板的镜头顺序，对镜头进行剪接。

④为电脑合成而拍摄的素材，也要按照①和②进行挑选。

⑤把挑剩下的画面，再全部检查一遍，把认为舍弃可惜的镜头，单独挑选出来。

(2)剪辑画面

①按照故事板先大致进行剪辑，这时可以不考虑广告片 30 秒或者 15 秒等最终的时间长度，每个镜头可以留出一定的时间余地。

②把握片子的整体节奏，对每个镜头的时间长度进行调整。

③把剪辑好的画面配上录制好的对话、旁白进行调整。

④把挑选好的音乐编进去与画面配合，调整片子的整体氛围。

⑤尝试进行第二种剪辑方案。

粗编的目的是通过对画面节奏的把握，看一看未来完成片的最终效果，通过这一过程寻找和探索更好、更能提升完成片品质的路子，因此这是一个非常重要的程序。另外，粗编还有一个目的，就是把客户审片时可能提出的各种问题，在事先就料想到并找出解决的办法，从而节省精编的时间。

如果导演没有时间，粗编一般由助理导演负责。助理导演要认识到，这是表现自己能力的绝好机会，要能够通过自己独立的判断和角度，为导演提供出色的剪辑蓝本。

粗编结束后，各个镜头的时间长度就可以准确地计算出来。这时画面效果和声音效果的内容和时间长度也确定了下来，要把它们详细地传达给各个制作工种的负责人，以便他们进行具体的操作。

(3)画面制作的准备工作

①故事板和镜头时长分配表；

②粗编带；

③准确标出作业内容的脚本；

④文案；

⑤有助于理解最终完成片风格的参考资料画面或照片；

⑥企业、产品等的CI资料或影像资料；

⑦剪辑作业日程表。

图 13－1　Avid 编辑系统。

3. 计算机影像设计（CG，Computer Graphic）

广告片中的CG，与电影所使用的一样，是指高画质CG。CG把人们想象中的世界，用影像表现出来，是在计算机所创造的虚拟摄影环境，创造出模拟真实和能与拍摄素材融合在一起的影像。

CG制作的具体手法，各个制作公司多少会有些差异，一般制作流程包括建模、确定材质和肌理、动画设计即动作设定以及综合以上工作程序的渲染作业，然后是合成作业，最后是各种影像格式的输出作业。

效果制作通常分为2D作业和3D作业，广告片制作大部分为2D制作。从作业内容看，从调整画面的基础作业，到创造新画面素材的作业，再到把多个素材合成起来的作业，以及把影像进行变形处理的作业，改变画面色彩的作业等等，超越了时间和空间限制，可以创造出没有穷尽的影像世界。

今天，数字化技术为创意人员提供了无限的创意空间，技术的力量已经使"只有想不到的，没有做不到的"这句话成为了现实。

三、声音制作

1. 声音制作的准备工作

在进行声音制作之前，需要准备以下事宜：

(1)故事板和镜头时长分配表；

(2)粗编带；

(3)文案；

(4)所需特殊音效部分的时间长度；

(5)所需特殊音乐部分的时间长度；

(6)可供参考的音乐或音效；

(7)剪辑作业日程表。

2. 音乐录音

通常是广告片的画面剪辑完成后，按照成片的长度进行音乐录音。音乐录音的程序是先找到符合广告片风格的作曲家，由作曲家创作出多支符合要求的音乐，然后进行筛选。经过充分讨论确定之后，正式进入录音阶段。有时，也会先完成音乐的制作，然后按照音乐的节奏进行拍摄或剪辑。

因为音乐录音需要演奏人员、歌手和专业的录音机房，因此，正式录音之后再进行任何修改，在时间和费用方面都会非常浪费。通常的做法是，先录制一个音乐小样，导演、剪辑师和作曲家等创作人员对录音小样经过充分讨论后，再进行正式的录音。

音乐录音包括广告歌曲、主题音乐、标识音乐、广告口号歌曲等,长期进行广告投放的时候,应在保持统一风格的基础上,按照季节进行编曲。

出于经费上的考虑,一般广告片的音乐是使用一些音乐资料在音乐工作站(MIDI)上合成,这样制作的音乐不但廉价,而且很容易修改,也可以有很多种方案供选择使用。

不要小看音乐的作用,它是决定广告片风格的重要因素,而且常常可以改变一支广告片的命运。

图 13-2　声音机房

3. 混音

混音是在画面剪辑完成的基础上配上音频的过程。混音的英文是 Multi Audio,意思是把多种音频素材混合在一起,制作成一个完整的作品。混音时要把所需要的音频素材都输入到数字音频工作站中,然后按照节奏、时间、音量、音质等,调整平衡进行混录。

在对旁白进行录音时,因为要把握配音员的感情和语调是否合适,最好在其他工作都完成之后,放在最后进行。

采用同期录音拍摄,因为演员有可能在现场的发音不准确,或者台词在拍摄结束后又有修改,这都需要演员在录音机房重新配音,因此,不要忘记事先告诉演员录音的日程安排。

需要跟录音机房确认的事宜:

(1)剪辑完成的不同时间长度版本的素材带；

(2)故事板；

(3)定稿的文案；

(4)同期录音原稿；

(5)音乐、音效、标识歌曲等素材带；

(6)企业名称、产品名称和标识；

(7)配音员、演员到达的时间。

音频部分制作完成之后，录制一个母带，然后转送到视频剪辑室，请其复制演示带、播出带等。

四、精编完成

精编是在粗编的基础上，体现导演等创作人员的意见和建议，重新进行剪辑，最终制作出完美的广告片的过程。在精编的过程中，要从众多的画面素材中挑选出最好的，然后把它们和合成的画面、修改过的画面，按照情节展开的顺序和起承转合进行剪辑。片子基本的风格确定下来以后，为了使画面更有节奏感和张力，各个镜头需要重新分配时长，还要对片子整体的色调和氛围重新进行调整。最终片子的长度要准确到 30 秒、15 秒、5 秒。再配上音乐、对白和旁白，加上字幕，漫长的剪辑过程就可以结束了。

精编时需确认的事项：

(1)是否忠实地反映了故事板的意图；

(2)产品的诉求点是否突出地表现了出来；

(3)需要强调的部分是什么？是否明确地强调出来了；

(4)广告活动的连续性是否体现了出来；

(5)旁白、字幕是否经过客户确认；

(6)确认产品的 CI；

(7)有没有必要按照第二个方案再剪辑一个版本。

前面也已经说过，在剪辑的过程中，剪辑师的能力和敏锐的感觉是决定广告片质量的重要因素。因为要通过高水准的剪辑，表现出作品的节奏、感染力和冲击力，并突出重点。同时，一个好的剪辑师还能减少剪辑时间，节省开支。精编结束之后，进行最后完成阶段的工作——正式编辑。精编完成的片子是音频作业的依据。

正式编辑时的准备事项：

(1)胶转磁母带；

(2)精编剪辑磁带；

(3)故事板；

(4)可供进行色调参考的照片或录像带；

(5)音乐或音效的样带；

(6)文案和字幕的定稿；

(7)客户 CI 正本及带有 CI 标志的产品。

音频部分制作完成之后，在剪辑机房把音乐的母带和画面母带合成在一起，制作成最终的完成片，等待广告公司和客户的审看。

经过漫长的十三个篇章的跋涉，我们终于完成了对一支广告片摄制流程的讲述。我们这本书从接单讲起，我还想以接单结束。那就是我希望你拍摄的广告片不仅仅是只达到及格的水平，而应该具有非凡的市场效果，可以为客户带来实际的收益，也只有这样，你才能在圈内建立起你的口碑，并为你再次带来生意，让你时刻准备着接单。

复习题

1. 后期制作的一般流程是什么？

2. 为什么把胶转磁称为二次拍摄的过程？

3. 粗编时的两个步骤是什么？

4. 音乐录音的程序是什么？

5. 精编时需要确认的事项包括哪些？

6. 正式编辑时要准备哪些事项？

练习题

按照本章所述，对已经拍摄好的广告片画面素材进行剪辑制作。

专业词汇中英文对照

16mm CAMERA SET	16mm 摄影机组
1st ASST. DIRECTOR	第一副导演
2D ANTMATION	二维动画
2nd ASST. DIRECTOR	第二副导演
35mm CAMERA SET	35mm 摄影机组
3D ANTMATION	三维动画
A	
AAAA(American Associato of Advertising Agencies)	美国广告代理商协会
accent	重点,要强调的问题。
account executive,AE	业务代表
account planners	业务企划人员
account ant	会计
action photography	动作摄影
action plan	行动计划,表演计划
actors	职业演员
advertorial	新闻报道式广告(企业软文)
AF of M	美国音乐家协会
agency commission	广告公司佣金
airing license	电检执照
alternative locations	替代(备用)外景照片
audio file	音频文件
animated graphics	动画平面设计
animated titles	动画制作片头
animation	动画
animators	动画师

announcement	布告,公告,发布,报道
area marketing	区域营销
arrangement	统筹
art director	艺术指导
art plan	美术设计
ASA	感光度(感光速度系数)
assistant camera person	摄影助理
assistant director	助理导演
asst. art director	美术助理
asst. editor	剪接师助理
asst. set dresser	道具助理
asst. wardrobe designer	现场服装助理
asst. wardrobe designer	服装设计助理
audience	受众
audio	声音
audio master	声音母带
audio mixer	混音师
audio post - production	声音后期制作
audio symbol	声音符号
audition	试镜
auto rental	租车费
Avid 2000 Media Composer	Avid 2000 型媒体作曲家
B	
backdrops	背景布幕
backlit	后打光
Balance & Proportion	平衡与比例
banner	条幅广告
barcode standard	条码标准
barn doors, BD	遮光板
best boy	灯光助理
best spot	最佳插播广告

bidding	出价
bidding package	套装议价组合(打包价格)
big close up	大特写
billboards	广告牌
blow - up	放大
blue - screen photography	蓝幕摄影(抠蓝)
body copy	广告正文
boom person	(话筒)吊杆操作员
boom up	把话筒用吊杆吊起
brainstorming	头脑风暴会,脑力激荡会
brand	品牌,商标
brand equity	商标权
brand loyalty	品牌忠诚度
brand world	品牌世界
braun tube	显像管
briefing	情况简要说明
broadcasting satellite, BS	广播卫星
bust size, BS	胸部以上的近景镜头
C	
camera asst	摄影助理
camera car	摄影车
camera dolly	摄影移动臂
cameramen	掌机人
campaign	广告战役
camera accessory	摄影机配件
cartooning	卡通
casting	选角
casting director	选角导演
catalog	目录
catch phrase	中心广告语,醒目广告语
catering	餐饮费

cel animation	赛璐璐动画
celluloid	赛璐璐片
ceremony	典礼,仪式
CGI,Computer Graphic image	电脑图形设计画面
chain of command	指挥系统
changing bag	暗袋
check point	要核对、检查的要点
checklist for bidding	价格核对清单
chief electrician	首席灯光师(第一灯光师)
choreography	编舞
Cineon Digital Film System	悉尼安数字影像系统
circulation	发行量
click track	节拍音轨
client file tape	客户存档带
close up	特写
close up shot	特写镜头
CM planner	电视广播广告策划者
CM song	广告歌曲
CM time	广告时间规定
commercial film	广告片
commercial message	电波广告
commercial program	广告形式的电视节目
commission	手续费,提成
communication satellite,CS	通讯卫星(传送)
compact disc	光盘
comparison commercial	比较广告
composers	作曲
composite photography	合成照片(复合摄影)
compositing	影像合成
computer animation	电脑动画
concept	核心概念,概念

conforming the picture	套剪影片
connection	连接(接触)
continuity	分镜头脚本
convenience store	日夜营业商店,便利店
converage	媒体覆盖率
coordination	协调
coordinator	协调人
copy dub	拷贝复制
copywriter	文案人员
corporate communication,CC	企业信息交流
corporate identity	企业形象识别
corporate mark	企业标志
Cost Summary Forms	价目总表
cost - plus - fixed - fee,C + FF	成本加固定收费
counter display	货柜陈列
cours	段落(电视连续播放的单位)
cover	封面
cow catcher hitch hike	在正式节目前后的插播广告
craft service	茶水
crane operator	摄影升降机操作员
creative director	创意总监
crew salary	人员劳务
customer satisfaction,CS	顾客满意度
cut	镜头
D	
dailies	毛片,未剪辑的画面素材
demo	(音乐)样本带
demographic	消费者统计,人口统计
demonstration	演示,样本带
demonstration and comparison	展示与比较
demonstration commercial	实证广告

diffusion filters	柔光滤镜或柔光镜
digital audio tape, DAT	数字录音带
digital audio workstations	数字音频工作站
digital film system	数字电影系统
digital sfx	数字特技效果
digital video effect, DVE	数字影像效果
digitized computerization	数字化电脑处理
digitizing	数字化
diopters	屈光镜
director	导演
direct costs	直接成本
direct mail advertising, DM	直邮广告
direct marketing	直销
director of photography, DP	摄影指导
direct - response	直接回应
dissolves	叠画
distribution	影剧发行
dolly & others	摄影移动臂及辅助器材
dolly in	摄影机前移
dolly moves	移动臂运动
dolly track	移动摄影轨道
doubles	替身演员
doubling	替身戏
dresser master	服装师
E	
Eastman Kodak	伊士曼柯达公司
edge numbers	片边号码
edit decision list, EDL	剪接次序表
edit - and - assemble monitor	剪接和合成专用监视器
editing	剪接
editing bay rental	机房租金

editor	剪接师
electrician	电工技师
electricity	拍摄用电
electronic chips	电脑芯片
electronic pen	电子感应笔
electronic pixels	电子像素
emulsions	感光乳剂
equipment	设备,器材
erase – and – reuse	洗掉再重录
event	现场广告活动
executive producer	监制/总制片人
expendables	消耗品
exposed negative film can	已曝光的底片盒
eye catcher	取景器
eye level	与视线水平的角度
F	
fade in	淡入
fade out	淡出
Fashion	时装
fee	费用,酬金
fiber optics	光纤
file stock	档案资料
film library	影片资料库
film magazine	胶片片盒
film scanner	底片扫描机
film stocks	底片片型
film to tape	胶转磁
final cost detail sheet	成本总计明细表
fine – tuning	微调
finish	完稿
finishing	最后完成

finishing facilities	后期制作单位
firm bid	公司竞标
first cut	初剪
first generation	原版
Fix	固定摄影
flying camera people	空中摄影师
focus	焦距
focus groups	小组讨论(分组座谈会)
follow	跟拍
footage purchase	影像版权购买
forum	讨论会
frame	帧,格
free – lancers	(无固定雇主的)自由职业者
full animation	完全动画
full shot	全景
full size	显露人物全身的小全景
G	
gaffer	灯光师
gas	油料费
general	总体,总计
general plot	概括性的创意构想
generator operator	发电机操作员
generator truck	发电机卡车
gio & taioncopy	播带及电检费
golden hour	黄金时段
graphic demonstration	图形展示
graphics estimating sheets	影像估价单
grip dept.	场务部门
gross rating point,GRP	总收视率
group interview	小组采访(通过小组座谈来进行调查)

H	
high - speed strobe - light flash	高速频闪闪光灯
hair dresser, hair stylist	发型师
harmony	(音乐中的)和声,协调,一致
head electrician	首席灯光师(第一灯光师)
head line	标题
hearing	听证会
henry	合成
high angle	俯拍角度
high key	高光画面
high - angle lights	高角度灯光
high - definition TV, HDTV	高清电视
high - lights	强光
homepage	主页
hotel	住宿
house location	外景房屋
household using TV	家用电视
I	
identification	统一性
Illustrating slogans with images	以影音特效强化标语
ILM(Industrial Light & Magic)	工业光魔公司
image plan	形象设计
in store merchandising, ISM	店内陈列促销方案
infomercials	资讯式广告
informercial	信息广告
inherent drama	(商品)与生俱来的戏剧性
in - house advertising departments	客户公司内部的广告部门
in - house production unit	广告公司内部的摄制部门
inkers	动画描图员
inner communication	企业内部信息交流
inner promotion	(面向流通行业或销售商的)内部促

	销活动
inside props	室内道具
in – store sales promotion	店内促销
Integrated Marketing Communication, IMC	整合行销传播
interactive TV	互动电视
internal costs	内部成本
interview commercial	采访式广告片
investor relation, IR	针对投资者的宣传活动
K	
key code, Kodak	柯达底片边缘的条码
key frame	主要画格(关键帧)
key station	主播台,主控台
key visual	核心(关键)画面
key word	关键词
know – how	解决方案
Kodak keycode numbers	柯达片边条码号
Leo Burnett	李奥贝纳公司
level angle	水平角度
library music	音乐资料库(俗称罐头音乐)
light meter	测光表
lighting asst. 1	第一灯光助理
lighting asst. 2	第二灯光助理
lights & accessory	灯光器材
line up	校准
lines	台词
lip sync dialogue	对口型对白
lip – syncing	对口型
live action	实景真人
live – action filming	实景拍摄影片
live – action photography	实景摄影
live – action shooting	实景拍摄

location hunting	外景选择
local – access cable channels	地区性有线频道
location manager	外景拍摄经理
location rental	外景租赁
location scouting	外景勘景
location search	勘景
log	拍摄记录
logo music	标识音乐
logo song	标识歌曲
long shot	长镜头
low angle	仰角度
low key	低光
M	
magnetic tape	磁性录音带
makeup artist	化妆师
marketing segmentation	市场细分(化)
markup	固定利润
media	媒体,媒介
media mix	媒体组合
media representative	媒介代理
media vehicle	媒介载体
medium shot	中景
medium size	拍摄身体膝盖以上的中景镜头
message	讯息
metamorphic animation	变形动画
micro –	微波(线路)
micro – markets	小众市场
mind share	心理占有率
mixer	混音师
mixing/source	混声技术/录音材料
modeling	建模,铸型

monitor	监视器
montage	蒙太奇
MOS	不需同期录音的无声取景
motion board	速度调谐板
motion control	快慢控制
motion picture film	电影胶片
motion tests	速度测试
motor home	旅宿汽车
mouse	鼠标
moving angle	移动角度
music demo scoring	音乐小样(样带)
music first	音乐主导
music right	音乐版权费
music scoring	音乐编曲制作
Musical Instrument Digital Interface,MIDI	电子音乐合成器
N	
narration	配音,解说
narrator	配音员,解说员
national brand	全国性品牌
negative	底片
negative conformer	底片模式
negative printing	底片洗印
new media	新媒体(以 CATV,卫星电视,因特网等为代表)
news release	新闻发布稿
NG(no good)	不好的镜头,不能用的镜头
nonlinear editing	非线性编辑
normal key	正常光照
normal mood	正常气氛
NTSC(National Television System Committee)	国家电视系统委员会制式(电视 N 制式)

O

off line	脱线
off – camera	画面之外
official sponsor	指定赞助厂商
official supply	指定商品赞助商
off – key	走调
offline system	线下剪辑系统
on air	播放,赞助
on camera	镜头内
on line	联机
on location	外景拍摄现场
one stop shopping	一站式购买
one to one marketing	一对一推销方式
one – light	单一光度
one – light film print	单光影片洗印
one – stop operation	一站式作业
open –	开放
open scales	公开出售
opinion leader	意见领袖
optical house	视觉效果工作室
optical printer	光学印片机
orientation	定向说明会
original arrangement	编曲原著
original recording	录音原著
original score	作曲原著
out – of – pocket	赔钱
outside props	棚外道具师
outtakes	被删掉的影视片断

P

PAL(Phase Alternation Line)	逐行倒像制式,电视 PAL 制式
panning	摇摄

personalities	知名人士
personalitiy testimonials	名人推荐
persuasion	说服
pickup footage	从广告资料剪辑而成的影片
pictures first	图像主导
pixels	像素
planning	前期准备作业企划
planning sheet	策划表
plans review board	广告方案内部审查机构
playback	回放
playback person	录像机播放员
POP(Point of Purchase Advertising)	购物点广告
positioning	定位
poster	海报,招贴画
post – production	后期制作
post – scoring	后期配乐
PPT(powerpoint)	PPT 文件格式
pr tool	公关宣传工具
pre – lite	预先排演
premium	促销礼品,奖品
pre – production meeting	摄制前会议
pre – production stage	前期筹备阶段
prescoring music	拍摄前配乐
presentation	提案(会)
price – quote	报价单
prime time	黄金时段
process	冲洗
produce	制作,制片
producer	广告公司制片,制作人
product life cycle	产品生命周期
product shot	商品展示镜头

product team	制作小组,摄制小组
production	(广告)制作公司
production assistant,PA	制作助理
production boutique	制片工作室
production costs	制片费
production cres	制片组
production designer	美术指导
production notes	制作标注
production office costs	制作办公费用
production specification sheets	制作分工明细表
promotion	促销
prop people	道具师
properties	舞台道具
props	道具
props purchase	道具购买
props rental	道具租借
PR(public relations)	公关活动
public - domain music	公共版权音乐(过了版权期可以免费使用的音乐)
publicity	新闻发布式宣传
pulldown	抓片
Q	
quotation	报价单
R	
random access	随机存取
RAM(Random Access Memory)	随机存储器
random sampling	随机抽样
raster	屏面
reach	广告到达率
ROM(Read Only Memory)	只读存储器
real people	消费大众或普通人群(非演员)

real time	实时
recording & mixing	录音和混音
recordist	录音师
recruit	人才招聘,招聘广告
reflections	反光
regular spot	固定插播
rental facilities	出租公司
repeat	重复(广告)
residual	后续付款
rhythm & pace	旋律与速度
ripomatic/stealomatic storyboard	素材合成故事脚本
roll camera	开动摄影机
rough	草稿,草图
rough cut	粗剪
runner	剧务
rush	工作样片
S	
sales manual	销售手册
sales promotion, SP	促销活动
sales talk	销售用语,宣传词语
sample reels	(影视)作品集
sampling	散发(样带)
scene	场景
scenics artist	布景设计师
script	脚本,广播稿,讲稿
script clerk	场记
segmentation	分类,细分
selling point	销售要点,重点
sequence	顺序
series advertising	系列广告
set	场景(制作费)

set construction costs	搭景费用
set design	布景设计
set designer	布景设计师
set dresser	置景师
set up/pre – light	布景设置/打光之前
set – up	安装,布置
shadows	阴影
shape library	模型资料库
share of market,SOM	市场占有率
share of voice,SOV	广告占有率
sharp focus	清晰对焦
shooting schedule	拍摄日程
shooting board	拍摄脚本(分镜头脚本)
shooting day	开拍日
shot list	拍摄程序表
showroom	展室,展厅
shutter	快门
sides	台词工作本
silent scenes	无声场景
silent takes	无声取景
simplicity	单纯性
singer/band	歌手/乐队
slate	开拍板(场记板)
slice – of – life episodes	生活片段式对白
snapshot	快照,抓拍
soft business	柔性业务
song – and – dance	歌舞式(广告影片)
sound logo	音响标志
sound master	录音原声带
sound people	音频人员
sound stage	隔音摄影棚

sound take	同期录音摄影
special effect director	特技导演
special effects person	特殊效果人员
special effects	特效
specification sheet	职责明细表
speed	(摄影机)运转正常
sponsor	赞助商
spot commercial	插播广告
stand – in	替身
stand – in presenters	(广告)演员推荐
star personality	知名人物
station break	节目间隙
station network	电台电视台联播
steady – cam	斯泰尼康(不使用三脚架可以自由移动的摄影辅助设备)
stereo – mixing	立体式混音
still photos	静物照片(呆照)
stills	剧照
stock footage	库存影片素材
stop – motion	定格
story	故事
story board	用图画呈现分镜头拍摄的故事板
story line	故事线索
storyboarding	分镜头脚本制作
strode – light photography	频闪闪光灯摄影法
studio rental	场地租金
stylist	服装设计师,造型师
sub total	合计
super 16mm format	超 16 毫米底片格式
superimpose	叠加,重叠
symbol mark	象征标志

sync. sound recording	同步录音
sync. sound equips	同步录音器材
T	
takes	取景镜头
talent	演员
talent reports	劳务报酬单
talk show	访谈节目
TC fillter	时码过滤器
TC transfer	带时码转录
teamsters	卡车驾驶员
teaser advertising	悬念广告
telephone & telegraph marketing	电话营销
teleprompter	读稿机
television space	电视的空间
test commercial	测试性广告
test market	试销
testimonial commercial	推荐式广告影片
theater copy	电影院拷贝
theatrical release print	为电影院发行制作的成片
threee-dimensional,3D	三维空间
tie-up	协助,协作,赞助
tight close-up	大特写
till down	从上到下的移动(降)
till up	从下到上的移动(升)
time rank	时段档次
time sales	卖时段
time-code	时码
tone & manner	基调与风格
top light	顶光
total communication	全方位信息交流
tracing paper	描图纸

track left	摄影机左移
track right	摄影机右移
track time	音轨时限
trade	通路
trade fair	展销会,展览会
transport & catering	交通食宿(费)
transportation	交通杂支
trend	动向,趋势
trim	剪修
trimming	图片修剪
trims	修剪下来的片头片尾
Tri – X	(柯达)3 – X 底片
track back	后移
track shot	移动摄影
track up	上移
turnarounds	转场
two – way communication	双向信息交流
typography	文字设计
U	
unique selling proposition, USP	独特的销售主张
unity	统一性
up shot	结局
V	
van truck	厢形卡车(供剧组主创人员和主演使用的临时休息场所)
variety	变化
video	录像,图像
video master	影像母带
video tape recording person	录影带录制员
vignettes	(剧本中对人物或场景特点的)简介
virtual reality	虚拟现实

visual identity	视觉认同
visual symbol	视觉象征
VO talent	旁白演员
voice over	旁白
voiceover announcer	旁白播音员
VTR	录像机
W	
waist size	腰部以上(中景镜头)
walkie – talkie	对讲机
wardrobe attendant	服装师
wardrobe purchase	服装购买
wardrobe rental	服装租借
wild wall	活动墙板
words first	文案主导
words and music	旁白加音乐
working video tape	工作录像母带
Z	
zoom	变焦
zoom in	推镜头
zoom in, zoom out	推近,拉出
zoom out	拉镜头
pan	摇(摄)

参考书目

1. [美]里斯·劳斯特(王恩冕 于少尉 译):《定位:头脑争夺战》,中国财政经济出版社,2002 年 2 月第一版。

2. [日]永井龙男(赖东明 译):《广告鬼才——吉田秀雄》,动脑杂志社,1991 年 7 月第一版。

3. [美]克劳德·霍普金斯(邱凯生 译):《我的广告生涯——科学的广告》,新华出版社,1998 年 12 月第一版。

4. [美]乔治·路易斯(刘家驯 译):《蔚蓝诡计》,海南出版社,1996 年 11 月第一版。

5. 郑国恩:《电影摄影造型基础》,中国电影出版社,1992 年 11 月第一版。

6. [美]克莱夫·贝尔(周金环 马钟元 译):《艺术》,中国文联出版社,1984 年 9 月第一版。

7. [法]乔治·萨杜尔(徐昭 胡承伟 译):《世界电影史》,中国电影出版社,1982 年 1 月第一版。

8.《电影艺术词典》编辑委员会:《电影艺术词典》,中国电影出版社,1986 年 12 月第一版。

9. [美]格里格雷·古德尔(高福安 王雪松 董月秋 杨晓明 译):《独立制片——从构思到发行的全程指导》,北京广播学院出版社,2004 年 10 月第一版。

10. 周传基:《电影·电视·广播中的声音》,中国电影出版社,1991 年 7 月第一版。

11. 张会军:《电影摄影画面创作》,中国电影出版社,1998 年 8 月第一版。

12. [美]丹·海金司(刘毅志 译):《广告写作的艺术》,中国友谊出版公司,1991 年 7 月第一版。

13. 王诗文 王中娟 苏颜军:《影视广告创作基础》,合肥工业大学出版社,2004 年 7 月第一版。

14. 周建梅 路盛章 董立津:《电波广告·平面广告——四大媒体广告的实际创作》,中国物价出版社,1997 年 5 月第一版。

15. 路盛章:《电视广告创作》,中国广播电视出版社,2000 年 6 月第一版。

16. 国家工商行政管理总局广告监管司:《中国广告法律法规汇编》,中国工商出版社,2002 年 5 月第一版。
17. [乌拉圭]丹尼艾尔·阿里洪(陈国铎 黎锡 等译 周传基 校):《电影语言的语法》,中国电影出版社,1987 年第一版。
18. [美]霍珀·怀特 著(台 邱顺应 译),《如何制作有效的广告影片》,企业管理出版社,2001 年 6 月第一版。
19. [韩]尹锡泰著:韩国放送广告公社出版,2005 年第一版。

致　谢

对以下人士致以诚挚的谢意,他们在我人生的旅途中和本书写作过程中给予我无私、慷慨的帮助。

感谢我的老师:丁俊杰、黄升民、路盛章;感谢我的责任编辑:程坪老师、王月林老师;感谢广告学院我的全体同事;感谢我的同学:孙朝中、刘咏、吴小龙、金强、张恒、王青、吕涛、匡奕荣、郝卫东、刘兆津、王炤坤、潘孝凯;感谢我的好朋友:李宇飞、罗哲宇、裴鸣、蓝旭、张猛、盛伯骥、杜荣欣、蔡仁琦、高岩、葛国恩;感谢我的学生:周古月、朴慧玉、江寒;感谢我在电视台和广告公司工作时的同事;感谢我的家人和梁玉振、尹文献、王继伟、程鑫远、张延强、张霄冰、刘晓、任玉喜、冯长革等故乡的兄弟们。

和群坡

2006 年 6 月 6 日

图书在版编目（CIP）数据

影视广告制作教程：从接单到成片的全程指导/和群坡著.--北京：中国传媒大学出版社，2006.8（2023.12 重印）

（中国传媒大学广告专业系列教材）

ISBN 978-7-81085-806-9

Ⅰ.①影… Ⅱ.①和… Ⅲ.①电影—广告—制作—高等学校—教材②电视节目—广告—制作—教材 Ⅳ.①F713.8

中国版本图书馆 CIP 数据核字（2006）第 090694 号

影视广告制作教程：从接单到成片的全程指导

YINGSHI GUANGGAO ZHIZUO JIAOCHENG：CONG JIEDAN DAO CHENGPIAN DE QUANCHENG ZHIDAO

著　　者	和群坡		
策　　划	程　平		
责任编辑	王月林		
责任印制	李志鹏		
封面设计	彩　多		
出版发行	中国传媒大学出版社		
社　　址	北京市朝阳区定福庄东街 1 号	**邮　　编**	100024
电　　话	86-10-65450528　65450532	**传　　真**	65779405
网　　址	http：//cucp.cuc.edu.cn		
经　　销	全国新华书店		
印　　刷	北京中科印刷有限公司		
开　　本	730mm×988mm　1/16		
印　　张	13.25		
字　　数	236 千字		
版　　次	2006 年 11 月第 1 版		
印　　次	2023 年12 月第14次印刷		
书　　号	ISBN 978-7-81085-806-9/F·806	**定　　价**	32.00 元